Die Reform
der niedersächsischen Kommunalverfassung

Europäische Hochschulschriften
Publications Universitaires Européennes
European University Studies

Reihe XXXI
Politikwissenschaft

Série XXXI Series XXXI
Sciences politiques
Political Science

Bd./Vol. 410

PETER LANG
Frankfurt am Main · Berlin · Bern · Bruxelles · New York · Oxford · Wien

Marc Lemmermann

Die Reform der niedersächsischen Kommunalverfassung

PETER LANG
Europäischer Verlag der Wissenschaften

Die Deutsche Bibliothek - CIP-Einheitsaufnahme

Lemmermann, Marc:

Die Reform der niedersächsischen Kommunalverfassung / Marc Lemmermann. - Frankfurt am Main ; Berlin ; Bern ; Bruxelles ; New York ; Oxford ; Wien : Lang, 2000
(Europäische Hochschulschriften : Reihe 31, Politikwissenschaft ; Bd. 410)
Zugl.: Hamburg, Univ. der Bundeswehr, Diss., 2000
ISBN 3-631-36510-1

D 705
ISSN 0721-3654
ISBN 3-631-36510-1

Meinem Sohn
Conner

Vorwort

Wie Nordrhein-Westfalen wenige Jahre zuvor, so hat sich das Land Niedersachsen 1996 von der Norddeutschen Ratsverfassung verabschiedet. Guido Freis hat den Prozeß der Reform der nordrhein-westfälischen Kommunalverfassung in einer Fallstudie (Die Reform der Gemeindeverfassung in Nordrhein-Westfalen, Peter Lang 1997) analysiert. Der Autor dieses Buches leistet das gleiche für die niedersächsische Reform. Mit dem Übergang zur Direktwahl der Bürgermeister und Landräte haben beide Länder die Konsequenz aus der Debatte um die Eignung der kommunalen "Doppelspitze" für die Transparenz kommunaler Politik gezogen. Die Arbeit zeigt, daß die niedersächsische Reform trotz der in vieler Hinsicht ähnlichen Problemlagen und Diskussionen in Nordrhein-Westfalen einen ganz anderen Verlauf nahm. Sie ging zügiger vonstatten, sie wurde im wesentlichen von den Spitzen der Regierung und der Opposition gesteuert, und sie wies schließlich deutliche Interessendifferenzen zwischen den Repräsentanten verschiedener Gemeindetypen auf. In dieser Arbeit wird erkennbar, daß die niedersächsische Reform in hohem Maße dem Primat der Landespolitik gehorcht hat, insbesondere dem Kalkül der Sozialdemokraten, dem Eindruck mangelnden Reformwillens entgegenzuwirken. Die Untersuchung bietet ein plastisches Bild der wichtigsten Akteure in einem Schlüsselbereich der niedersächsischen Landespolitik. Sie thematisiert mit der Reformdebatte in Niedersachsen gleichzeitig die legitimatorischen Eckpunkte des kommunalpolitischen Verfassungsrahmens.

Hamburg, März 2000 Jürgen Hartmann

Inhaltsverzeichnis

Abbildungsverzeichnis

Abkürzungsverzeichnis

Abg.	-	Abgeordneter
ÄR	-	Ältestenrat
APr	-	Ausschußprotokoll
BHE	-	Block der Heimatvertriebenen und Entrechteten (pol. Partei)
BRD	-	Bundesrepublik Deutschland
BW	-	Baden-Württemberg
BY	-	Bayern
bzw.	-	beziehungsweise
CDU	-	Christlich Demokratische Union
DGO	-	Deutsche Gemeindeordnung
DÖV	-	Die Öffentliche Verwaltung
DP	-	Deutsche Partei
Dr.	-	Doktor
Drs	-	Drucksache
EK	-	Enquete-Kommission
EKkV	-	Enquete-Kommission Kommunalverfassung
f.	-	folgende
FDP	-	Freie Demokratische Partei
ff.	-	fortfolgende
FHS	-	Fachhochschule
GB	-	Großbritannien
GBD	-	Gesetzgebungs- und Beratungsdienst des NSL
GG	-	Grundgesetz
GO	-	Gemeindeordnung
GVBl	-	Gesetz- und Verordnungsblatt
HB	-	Bremen
HE	-	Hessen
HH	-	Hamburg
IHK	-	Industrie und Handelskammer
iV	-	Innere Verwaltung

KV	- Kommunalverfassung
MI	- Ministerium des Innern
NdS	- Niedersachsen
Nds. GVBl	- Niedersächsisches Gesetz- und Verordnungsblatt
NdsVBl.	- Niedersächsische Verwaltungsblätter
NGO	- Niedersächsische Gemeindeordnung
NKV	- Niedersächsische Kommunalverfassung
NLO	- Niedersächsische Landkreisordnung
NRW	- Nordrhein-Westfalen
NS	- Nationalsozialisten
NStGB	- Niedersächsische Städte- und Gemeindebund
NSL	- Niedersächsischer Landtag
NWVBL	- Nordrhein-Westfälische Verwaltungsblätter
O.V.	- Ohne Verfasser
PlPr	- Plenarprotokoll
pol	- politisch
Prof.	- Professor
s.	- siehe
SH	- Schleswig-Holstein
SPD	- Sozialdemokratische Partei Deutschland
SRP	- Sozialistische Reichspartei
u.a.	- unter anderem
VA	- Verwaltungsausschuß
Vgl.	- vergleiche
Vors.	- Vorsitzender
z.B.	- zum Beispiel

1. EINLEITUNG

In den Ländern Nordrhein-Westfalen (NRW) sowie Niedersachsen (NdS) wurden die Kommunalverfassungen 1994 bzw. 1996 reformiert. In beiden Ländern wurde seit Einführung der von der britischen Besatzungsmacht initiierten Verfassung über eine Reform diskutiert. Im Mittelpunkt des Interesses stand immer die Frage nach der Spitzenposition in den Kommunen.

Die vom britischen Modell des *local government* übernommene Zweigleisigkeit von politischer Führung (Bürgermeister) und administrativer Leitung (Gemeindedirektor) wurde mit der Forderung nach der eingleisigen Kommunalspitze, wie man sie in allen anderen Bundesländern vorfindet, konfrontiert. Als weiterer essentieller Streitpunkt kam die Frage nach dem Wahlmodus für das Spitzenamt hinzu. Sollte der erste Repräsentant der Gemeinde weiterhin indirekt, also durch ein Gremium (Rat), oder direkt von den Bürgern durch eine Urwahl für sein Amt legitimiert werden?

Ziel dieser Arbeit ist eine Antwort auf die Frage, wie es zur erst wenige Jahre zurückliegenden grundlegenden Änderung der Kommunalverfassung in Niedersachsen gekommen ist. Es soll untersucht werden, wer diese Reform letztendlich initiiert und wer sie umgesetzt hat. Im Mittelpunkt dieses Vorhabens stehen die kommunale Spitze und deren Wahl.

Die neue niedersächsische Kommunalverfassung (NKV), die am 22.August 1996 mit der Veröffentlichung im Gesetzes- und Verordnungsblatt in Kraft trat, konnte noch nicht vollständig verwirklicht werden. Für eine Übergangsfrist können die Gemeinden an der alten Kommunalverfassung festhalten. Um im Folgenden eine klare sprachliche Trennung zwischen der alten Niedersächsischen Landkreisordnung (NLO) bzw. der Niedersächsischen Gemeindeordnung (NGO) und der neuen NLO bzw. NGO einzuhalten, wird die alte Kommunalverfassung (KV) in der Vergangenheits- und die neue in der Gegenwartsform beschrieben.

Der in der NGO als Ratsvorsitzender benannte Bürgermeister wird in dieser Arbeit zur Vereinfachung immer als Bürgermeister bezeichnet. Auf die Besonderheiten der Samtgemeinden wird nicht detailliert eingegangen.
Empirische Erkenntnisse für oder gegen eine Reform der niedersächsischen Kommunalverfassung standen für diese Untersuchung nicht zur Verfügung, da es an zuverlässigen, mit den Umfragen des nordrhein-westfälischen Innenministeriums zum dortigen Reformprojekt vergleichbaren Erhebungen zur Vorbereitung der dortigen Kommunalverfassungsreform fehlt.[1] Die Arbeit stützt sich auf Informationen und Materialien, deren Befunde, die zwar nicht ohne weiteres verallgemeinert werden konnten, aber durchaus einen Einblick in die reale Handhabung der Kommunalverfassung vor der Reformgaben.[2]

In diesem Zusammenhang soll den Abgeordneten aller Parteien und den Mitarbeitern des Niedersächsischen Landtages gedankt werden, die mit ihrer Unterstützung zum Erstellen dieser Arbeit beigetragen haben. Die FDP lieferte trotz mehrfachen Bittens leider keine Beiträge und konnte daher nur sehr eingeschränkt berücksichtigt werden. Ein ganz besonderer Dank für Gesprächsbereitschaft und Offenheit gebührt dem ehemaligen Fraktionsvorsitzenden und Vorsitzenden der SPD in Niedersachsen, *Johann Bruns*, dem Abgeordnete *Friedhelm Pörtner* (CDU) sowie dem Leiter des Wissenschaftlichen Dienstes der CDU, *Dr. Henning Grund.*

Die Untersuchung wird sich wie folgt gliedern:
Zu Beginn wird ein kurzer Überblick der Kommunalverfassungen in Deutschland geboten. Er soll die historische Entwicklung wie auch die unterschiedlichen Verfassungstypen umreißen. Abgerundet wird dieser Teil durch einen Vergleich mit dem britischen Modell des Local Govern-

---

[1] Jörn Ipsen, Die Doppelspitze in der niedersächsischen Kommunalverfassung, in: Hans Peter (Hrsg.), Festschrift für Werner Thieme zum 70.Geburtstag, Köln/Berlin/Bonn/München 1993, S.831.
[2] Gert Hoffmann, Die sogenannte Zweigleisigkeit der niedersächsischen Kommunalverfassung, Gifhorn 1987, S.227ff.

ment. Daran wird sich eine Darstellung der Niedersächsischen Kommunalverfassung vor ihrer Reform, u.a. mit einer Darstellung der Aufgaben des ehrenamtlichen Bürgermeisters sowie des hauptamtlichen Leiters der Verwaltung, anschließen.

Im zweiten Teil der Arbeit werden zunächst die historischen Versuche einer Reform der Niedersächsischen Kommunalverfassung skizziert. Daran anschließend wird die Reform von 1996 in den Phasen des Politikzyklus (Policy cycle) dargestellt, der inzwischen den fachlichen Standard der gegenstandsbezogenen Politikanalyse markiert. Keine Policy hat auch im selben Politikfeld den gleichen Verlauf wie eine andere. In Nordrhein-Westfalen war der Übergang von der Doppelspitze zur eingleisigen Kommunalspitze ein langwieriger, überaus komplizierter Prozeß, den die im folgenden mit diskutierte Arbeit von Freis in den Kategorien der Policy-Analyse nachgezeichnet hat. In Niedersachsen liefen die Auseinandersetzungen und Entscheidungen über das gleiche Problem rascher und in mancher Hinsicht auch weniger spektakulär ab. Um so erkenntnisträchtiger erscheint deshalb der hier gewählte Weg, den Policy cycle in ähnlicher Weise, wie es dort bei Nordrhein-Westfalen geschieht, auf den niedersächsischen Fall zu übertragen. Besonders werden dabei der Estimationsprozeß der Reform von 1996, die Arbeit der Enquete-Kommission zur Kommunalverfassung sowie die diversen Gesetzesinitiativen zu beleuchten sein.

Von den in zahlreichen Varianten kursierenden Modellen des Politikzyklus wird die Anlehnung an die selben Autoren gewählt, die in der besagten NRW-Studie zum Zuge kommen. Ausschlaggebend ist auch hier die Vergleichbarkeit des Untersuchungsrahmens. Die Untersuchung will nicht auf die theoretische Auseinandersetzung mit diesen Aspekten der Policy-Analyse hinaus. Der Politikzyklus ist hier ein geeignetes Mittel um den politischen Prozeß zu zergliedern, nicht weniger, aber auch nicht mehr.

Im letzten Teil der Untersuchung wird das Ergebnis der niedersächsischen Fallstudie kurz mit den Erkenntnissen aus der nordrhein-westfälischen Kommunalverfassungsreform verglichen.

2. KOMMUNALVERFASSUNGEN

2.1. KOMMUNALVERFASSUNGEN IN DEUTSCHLAND

In Deutschland haben Kommunalverfassungen eine lange Entwicklungsgeschichte. Bei ihrer Weiterentwicklung diente meist die Demokratisierung als Ansatz für Reformen. Um diesen Gedanken, der auch bei der Reform der Niedersächsischen Kommunalverfassung (NKV) eine Rolle spielte, nachvollziehen zu können, folgt nun eine historische Skizze.

2.1.1. Historische Betrachtung

2.1.1.1. Entwicklung bis 1945

Die Geschichte der neueren kommunalen Selbstverwaltung begründete *Karl Freiherr vom und zum Stein* (1757 - 1831) mit der preußischen Städteordnung von 1808. Ausgangslage war die prekäre Situation in Preußen nach der Niederlage gegen *Napoleon I.* Der Staat war hoch verschuldet, die Wirtschaft lag am Boden. Ideen zur Selbstverwaltung aus England sowie aufklärerische Ideen aus Frankreich trieben zu Reformen an. Die Französische Revolution diente als Ermahnung, daß Untätigkeit keine Lösung bot. Reformen durften nicht zu spät kommen, wenn eine Revolution vermieden werden sollte.
Von Steins Verwaltungsreformwerk sollte sowohl dem Staat als auch den Städten helfen. Er wollte die Bürger enger an "ihren" Staat binden. Sie mußten letztendlich die Kosten für den Staat tragen. Die freie Gemeinde sollte die politischen Mitwirkungsansprüche des Bürgertums im preußischen Feudalstaat befriedigen. Das galt aber nur für die Stadtgemeinden, das ländlich -dörfliche Gemeindewesen blieb im Zugriff des preußischen Gutsadels. Die freien Gemeinden sollten danach von freien städtischen Bürgern verwaltet werden. Die Bürger sollten so motiviert werden, für ihre Belange auch die nötigen Finanzmittel selbst aufzubringen. Entsprechend

sollten die Städte aus der finanziellen Unterstützung durch den Staat entlassen und somit der preußische Staat finanziell entlastet werden.[3]

Von *Steins* Städteordnung wurde vom Königsberger Polizeidirektor *Frey* ausgearbeitet. Dieser orientierte sich an den deutschen sowie an den englischen und französischen Traditionen. Im Beteiligungsrecht ging man von den Korporativ- zu den Individualrechten über. "Das Bürgerrecht besteht in der Befugnis, städtische Gewerbe zu treiben..."(§ 15). Das Bürgerrecht durfte niemanden versagt werden, "welcher... sich niedergelassen hat und vom unbescholtenem Wandel ist"(§ 17). Zu den Rechten kamen natürlich auch die entsprechenden Pflichten. "Einem jeden Bürger liegt die Verpflichtung ob, zu den städtischen Bedürfnissen aus seinem Vermögen... alle städtischen Lasten verhältnismäßig zu tragen"(§ 26).[4]

Als Selbstverwaltungsorgan sah *v.Stein* eine Stadtverordnetenversammlung vor, die selbst einen Magistrat als Verwaltungsspitze wählte, dessen Mitglieder nicht der Stadtverordnetenversammlung angehören durften. Dieser Aufbau orientierte sich am Modell des englischen Kommunalsystems.[5]

Die neue preußische Kommunalpolitik stellte zwar eine bürgerliche Selbstverwaltung dar, aber sie war nicht demokratisch. Es durften nur besitzende Bürger wählen (§ 74).[6]

Von *Steins* Städteordnung stellte nur einen Teil seines gesamten Reformwerks dar, doch sie wurde als nahezu einziges Element auch vollständig umgesetzt.

Diese neue Städteordnung wurde bereits wenige Jahre später wieder verändert. Es folgten die revidierten Städteordnungen von 1831. Ihr Haupt-

---

[3] Adelheid von Saldern, Geschichte der kommunalen Selbstverwaltung in Deutschland, in: Roland Roth/Hellmut Wollmann (Hrsg.), Kommunalpolitik, Opladen 1994, S.2f.

[4] Die preußische Städteordnung von 1808, in: von August Krebsbach (Hrsg.), Neue Schriften des deutschen Städtetages, Heft 1, Stuttgart 1957, S.47ff.

[5] Hans-Georg Wehling, Kommunalpolitik in Geschichte und Gegenwart, a.a.O., S.5.

[6] Ebd., S.6.

merkmal war die Zurücknahme der Reform an kritischen Punkten im Verhältnis zwischen Staat und Kommune. Die Aufsichtspflicht des Staates wurde gestärkt.[7]

1853 folgte eine abermalige Revision. Der Staat reagierte mit dieser Maßnahmen auf das Anwachsen des städtischen Proletariats und die revolutionären Unruhen von 1848/49. Zum einen wurde die Stellung des Magistrats ausgebaut. Während 1808 nur Selbständige, bzw. Gewerbetreibende und Vermögende, "Bürger" waren, erhielten zum anderen nun auch "Einwohner" das aktive Wahlrecht, falls sie einen gewissen Steuersatz erreichten. Mit der zeitgleichen Einführung dieses kommunalen Zensus- und parlamentarischen Dreiklassenwahlrechts wurde aber weiterhin verhindert, daß die Arbeiterschaft nennenswerten Einfluß auf die Kommunalpolitik erhielt.[8]

Im Zuge der allgemeinen Demokratisierung im 19.Jahrhundert wurde auch die deutsche Kommunalpolitik zunehmend liberalisiert, jedoch von Land zu Land unterschiedlich. Am zügigsten vollzog sich die Entwicklung in Württemberg, wo bereits um die Mitte des 19.Jahrhunderts, im Gegensatz zu Preußen, faktisch alle (männlichen) Einwohner das gleiche Wahlrecht besaßen. Selbst die Bürgermeister wurden in Württemberg schon direkt gewählt.[9]

Die neue Verfassung des Deutschen Kaiserreichs berührte die Aufgabenteilung zwischen dem Staat und den Kommunen nicht; die Regelung kommunaler Angelegenheiten oblag weiterhin den einzelnen Staaten bzw. Ländern. Die neu eingerichteten Verwaltungsgerichte entschieden über auftretende Meinungsdifferenzen und Konflikte.[10]

---

[7] Adelheid von Saldern, a.a.O., S.3.

[8] Ebd., S. 3ff.

[9] Hans-Georg Wehling, Kommunalpolitik in Geschichte und Gegenwart, in: Bundeszentrale für politische Bildung (Hrsg.), Information zur politischen Bildung: Kommunalpolitik, Bonn 1994, S.6.

[10] Christian Engeli/Wolfgang Haus, Quelle zum modernen Gemeindeverfassungsrecht in Deutschland, Stuttgart 1975, S.19.

Nach dem ersten Weltkrieg wurde in den deutschen Ländern das allgemeine und gleiche kommunale Wahlrecht eingeführt.[11] Die Reichsverfassung der Weimarer Republik verbürgte den Kommunen in Artikel 127 das "Recht der Selbstverwaltung innerhalb der Schranken des Gesetzes". Die Kommunen mußten "zwei Herren dienen", zum einen mußten sie sich selbst verwalten, zum anderen oblag ihnen die Auftragsverwaltung für den Staat. Dieser griff durch die Reichsgesetzgebung vermehrt in die kommunale Selbstverwaltung ein. Durch die Pflicht der Länder zur Verwaltung des Reiches wurden die Kommunen stark belastet. Die Durchführung dieser Reichsgesetze ließ den Kommunen aber dennoch einen erheblichen Handlungsspielraum offen.[12]

Der Deutsche Städtetag stellte 1925 den Entwurf für ein einheitliches deutsches Kommunalverfassungsrecht, zumindest aber für eine gemeinsame breite Basis der Kommunalverfassung vor, den sogenannten "Oberbürgermeister-Entwurf". 1930 folgte der Entwurf einer Reichsstädteordnug. Beide Entwürfe wurden von der Gesetzgebung nicht aufgegriffen und umgesetzt.[13]

Mit der Machtübernahme durch die Nationalsozialisten wurde 1935 die Deutsche Gemeindeordnung (DGO) in Kraft gesetzt. Zwar beinhaltete sie bei formaler Aufrechterhaltung der kommunalen Selbstverwaltung eine stark auf die Staatsdoktrin eingestellte Denkweise, konnte aber dennoch nicht verhindern, daß die lokalen NS-Repräsentanten in der täglichen Verwaltungspraxis zusehends an Einfluß gewannen.[14] Die DGO richtete zum

---

[11] Wolfgang Rudzio, Das politische System der Bundesrepublik Deutschland, Opladen 1991, S.361.

[12] Adelheid von Saldern, a.a.O., S.3.

[13] Hans-Joachim Stargardt, Kommunalverfassung in Deutschland - Teil 1, in: Verwaltungsrundschau 4/95, Köln 1995, S. 118f.

[14] Michael Ruck, Führerabsolutismus und polykratisches Herrschaftsgefüge - Verfassungsstrukturen des NS-Staates, in: Karl Dietrich Bracher/ Manfred Funke/ Hans-Adolf Jacobsen (Hrsg.), Deutschland 1933-1945. Neue Studien zur Nationalsozialistischen Herrschaft, Bonn 1992,S.50.

ersten und bis heute einzigen Mal in allen Ländern Deutschlands die Gemeinden einheitlich aus.[15]

2.1.1.2. Entwicklung nach 1945

Nach dem II.Weltkrieg verzweigte sich die kommunalhistorische Entwicklung innerhalb Deutschlands. Nach ihrem Einmarsch in Deutschland fanden die Sieger fast überall funktionierende Kommunalverwaltungen vor. In vielen Fällen wurden aber die Bürgermeister und höhere Verwaltungsfunktionäre abgesetzt.[16]

In der DDR wurden die Kommunen als örtliche Organe der Staatsmacht aufgebaut. Im Zuge machtsichernder Zentralisierungsbestrebungen kam es dort zu einer einheitlichen Gemeindeverfassung.[17] Mit der Verwaltungsreform 1952 wurde dort der Typ der doppelt unterstellten Verwaltung geschaffen. Die Räte waren die Organe der örtlichen Verwaltung. Sie wurden von den örtlichen Volksvertretungen gewählt und waren als Exekutive der jeweiligen Volksvertretungen auch diesen verantwortlich. Es bestand zugleich ein direktes Weisungs- und Kontrollrecht von seiten der übergeordneten staatlichen Dienststellen. Die Gemeindeorgane gehörten weitgehend zur örtlichen Exekutive des Staates.[18]

In den westlichen Besatzungszonen wurde die erst 1935 eingeführte rechtliche Gleichstellung von Stadt- und Landgemeinden beibehalten, von einem einheitlichen Kommunalverfassungsrecht nahmen die Alliierten aber Abstand.[19]

---

[15] Franz-Ludwig Knemeyer, Die Kommunalverfassungen in der Bundesrepublik Deutschland, in: Roland Roth/ Hellmut Wollmann (Hrsg.), Kommunalpolitik, Opladen 1994, S.82.

[16] Christoph Kleßmann, Die doppelte Staatsgründung, Bonn 1991, S.74.

[17] Adelheid von Saldern, a.a.O., S.9.

[18] Ebd., S.3.

[19] Ebd., S.9.

Die amerikanische und die britische Militärregierung beließen in vielen Fällen deutsche Verwaltungsfachleute an unteren Stellen in ihren Positionen. Als Verwaltungsleiter wurden jedoch durchweg politisch unbelastete Personen eingesetzt.[20]
Die angelsächsischen Besatzungsmächte suchten durch Übertragung ihrer heimischen Modelle die kommunalen Verfassungen stärker zu demokratisieren und so die Basis für die Demokratie in Deutschland zu stärken.[21]
Die Briten setzten in den von ihnen besetzten Zonen mit Ausnahme des Stadtstaates Hamburg (HH), also in NRW, NdS und Schleswig-Holstein (SH), ein Kommunalsystem nach britischem Vorbild durch. Entgegen der deutschen Tradition wurden alle Entscheidungsbefugnisse bei den Kommunalparlamenten konzentriert und die kommunalen Verwaltungsleiter in eine bloß ausführende Rolle verwiesen.[22] Bis heute haben sich alle Flächenländer der vormals britischen Besatzungszone davon getrennt.
Die Amerikaner bauten auf den Traditionen der Vorgängerstaaten (z.B. Hessen (HE), Teile Preußens, Bayern (BY) sowie Württemberg) die neuen "alten" Kommunalverfassungen in ihrer Besatzungszone auf.[23]
Der Deutsche Städtetag legte 1947 einen Entwurf zu einem einheitlichen deutschem Kommunalverfassungsrecht oder zumindest für eine breite Basis mit fünf Alternativentwürfen vor, der aber keine übereinstimmende Resonanz fand.

---

[20] Christoph Kleßmann, a.a.O., S.74
[21] Wolfgang Rudzio, Das politische System der Bundesrepublik Deutschland, a.a.O., S.361.
[22] Wolfgang Rudzio, Die Neuordnung des Kommunalwesens in der Britischen Zone, Stuttgart 1968, S.42ff.
[23] Hans-Georg Wehling, Unterschiedliche Kommunalverfassungen in den Ländern, in: Bundeszentrale für politische Bildung (Hrsg.),Information zur politischen Bildung: Kommunalpolitik, Bonn 1994, S.15.

2.1.2. Die verschiedenen Verfassungstypen

In Deutschland gab es bis zu den Kommunalverfassungsänderungen in NRW und NdS vier verschiedene Typen von Kommunalverfassungen.
Dabei handelt es sich um:

- die Süddeutsche Ratsverfassung,
- die Bürgermeisterverfassung,
- die Norddeutsche Ratsverfassung sowie
- die Magistratsverfassung.

Diese vier Verfassungstypen lassen sich in zwei weitere Gruppen unterteilen. Die ersten beiden sind eingleisig (oder auch einköpfig), die anderen zweigleisig (oder auch zweiköpfig). Diese verschiedenen Typen bilden lediglich Ausgangspunkte für die darauf fußende Verwaltungen. Wenn zwei Bundesländer die gleiche Basis für ihre Kommunalverfassung haben, kann die Verfassungen in weiteren wichtigen Punkten dennoch stark variieren.

2.1.2.1. Süddeutsche Ratsverfassung

Nach 1918 wurde, beginnend in Süddeutschland, versucht, die Gemeindeordnungen (GO) zu vereinfachen und zu demokratisieren. Die Bürger sollten hier neben dem Rat auch den Bürgermeister direkt wählen.[24]
Das Hauptmerkmal dieser Süddeutschen Ratsverfassung ist die starke Stellung des Bürgermeisters. Der direkt gewählte Bürgermeister hat drei Aufgaben. Er ist:

- Vorsitzender des unmittelbar gewählten Rates und aller Ausschüsse, er bereitet Beschlüsse vor und führt diese auch aus;

---

[24] Dian Schefold, Die innere Kommunalverfassung, in: Klemisch u.a. (Hrsg.), Handbuch für alternative Kommunalpolitik, Bielefeld 1994, S.36.

- Chef der Verwaltung, Vorgesetzter aller Bediensteten, und
- Vertreter der Gemeinde nach außen.[25]

Die Direktwahl sollte nicht nur ein Mehr an bürgerlicher Beteiligungsmöglichkeit bringen, sondern auch die Durchsetzungskraft des Bürgermeisters stärken, der als gewählter Repräsentant des Volkes vor den Rat tritt und sich bei seinen Vorstellungen auf den Volkswillen berufen kann. Diese Verfassung bietet zugleich Anreize für starke, durchsetzungsfähige Persönlichkeiten.[26]

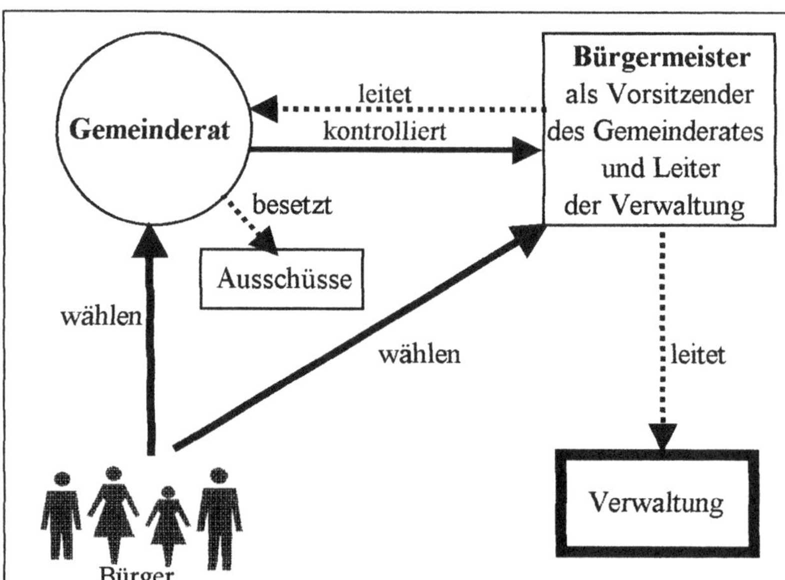

Abbildung 1: Süddeutsche Ratsverfassung

In der Praxis läßt auch die Süddeutsche Ratsverfassung Abwandlungen zu. In dieser Verfassung wäre die Möglichkeit der Wahl zusätzlicher Bei-

---

[25] Franz-Ludwig Knemeyer, a.a.O., S.85.

[26] Hans-Georg Wehling, Unterschiedliche Kommunalverfassungen in den Ländern, a.a.O., S.18.

geordneter vorstellbar gewesen, auch hier kam ein unabhängiger Ratsvorsitz neben dem Bürgermeister in Betracht.[27]
Heute haben die neuen Bundesländer Sachsen, Sachsen-Anhalt sowie Thüringen und leicht modifiziert auch Brandenburg diesen ursprünglich in Baden-Württemberg und Bayern vertretenen Verfassungstyp für sich gewählt.

2.1.2.2. Bürgermeisterverfassung

Die Bürgermeisterverfassung in Rheinland-Pfalz integriert, ähnlich wie die Süddeutschen Ratsverfassung, Ratsvorsitz und Verwaltungsspitze.[28]
Im Gegensatz zur Süddeutschen Ratsverfassung wird der Bürgermeister in der Bürgermeisterverfassung aber nicht direkt vom Volk, sondern vom Rat gewählt. Er hat aber die gleichen Aufgaben:

- er hat den Vorsitz im Rat und aller seiner Ausschüsse inne,
- er ist Chef der Gemeindeverwaltung und
- er vertritt die Gemeinde nach außen.[29]

Die saarländische Bürgermeisterverfassung sowie die in den rheinland-pfälzischen Städten mit zwei oder mehr hauptamtlichen Beigeordneten geltenden Stadtvorstandsverfassungen setzen einen stärkeren Akzent hin zur Funktionentrennung. Im Saarland führt der Bürgermeister zwar den Vorsitz im Gemeinderat, er ist aber nicht Ratsmitglied und hat daher selbst kein Stimmrecht. In den rheinland-pfälzischen Städten mit Stadtvorstand nimmt anstelle des Bürgermeisters ein überwiegend hauptamtlich besetztes Verwaltungsgremium mit eigenständiger Vorbereitungs- und Vollzugsfunktion sowie mit Einzelentscheidungsrecht die laufende Verwaltung

---

[27] Dian Schefold, Die innere Kommunalverfassung, a.a.O., S.37.
[28] Hans-Joachim Stargardt, a.a.O., S.124.
[29] Hans-Georg Wehling, Unterschiedliche Kommunalverfassungen in den Ländern, a.a.O., S.24.
[29] Hans-Joachim Stargardt, a.a.O., S.124.

wahr. Weitere Abwandlungen des Typus findet man in den Bürgermeisterverfassungen der Landgemeinden Schleswig-Holsteins und Mecklenburg-Vorpommerns.[30]

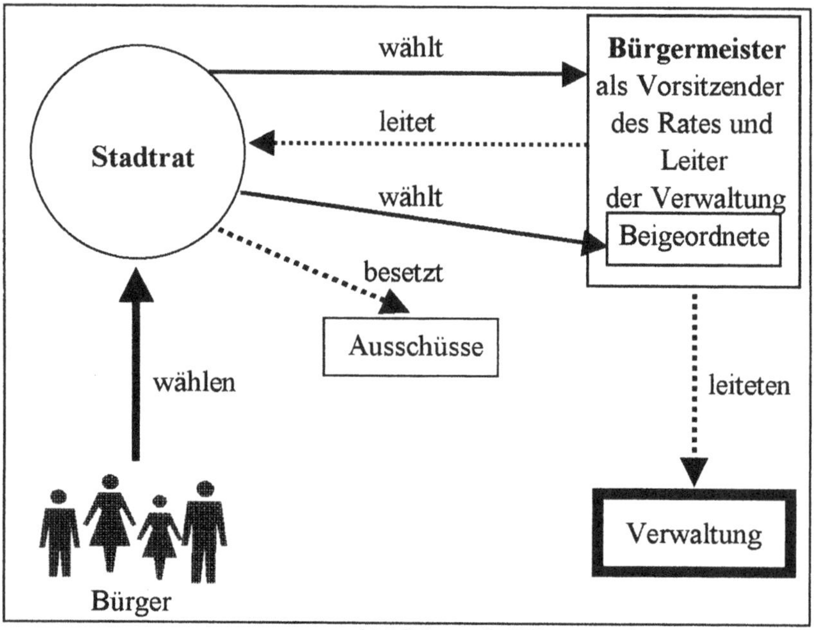

Abbildung 2: Bürgermeisterverfassung

2.1.2.3. Magistratsverfassung

Die Magistratsverfassung setzt preußische Traditionen fort. Sie beruht auf dem Dualismus einer Stadtverordnetenversammlung als Volksvertretung auf der einen und dem Magistrat mit einem Oberbürgermeister als der Stadtregierung auf der anderen Seite.[31]

---

[31] Hans-Georg Wehling, Unterschiedliche Kommunalverfassungen in den Ländern, a.a.O., S.23.

Die von den Bürgern direkt gewählte Stadtverordnetenversammlung wählt aus ihrer Mitte einen Vorsitzenden, ferner den Bürgermeister sowie die Beigeordneten.[32]

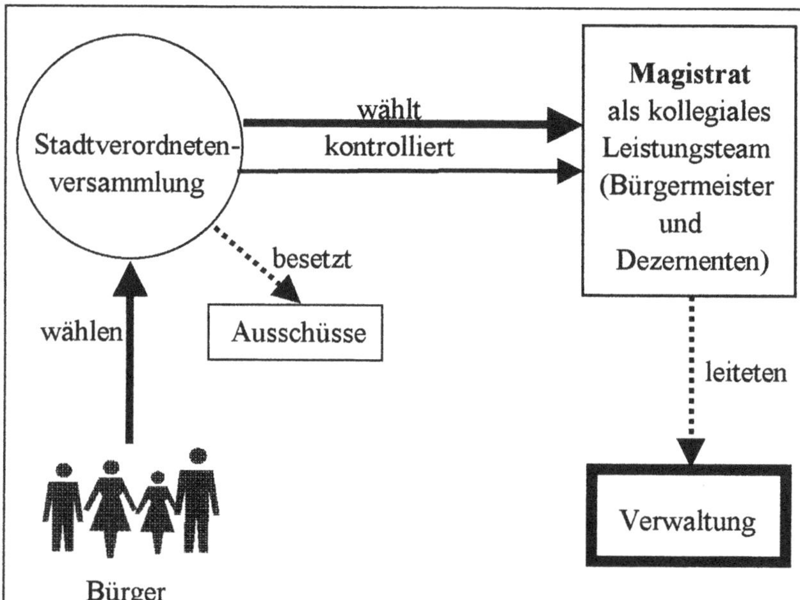

Abbildung 3: Magistratsverfassung

Der Magistrat setzt sich aus hauptamtlichen Wahlbeamten auf Zeit oder aus Karrierebeamten auf Lebenszeit und aus ehrenamtlichen Beigeordneten zusammen, wobei die Zahl der hauptamtlichen Beigeordneten die der ehrenamtlichen nicht übersteigen darf. Der Bürgermeister ist Chef der Verwaltung, die Chefs der einzelnen Referate/Dezernate bilden die Beigeordneten. Der stimmberechtigte Bürgermeister ist als Vorsitzender des

[32] Franz-Ludwig Knemeyer, a.a.O., S.85.

Magistrats ein Erster unter Gleichen. Er muß die Entscheidungen des Magistrats nach außen vertreten.[33]

2.1.2.4. Norddeutsche Ratsverfassung

Nach ihrem Vorbild des self-government führten die Briten nach 1945 in ihrer Besatzungszone eine monistische Verfassung ein, die Norddeutsche Ratsverfassung mit doppelter Verwaltungsspitze.[34]

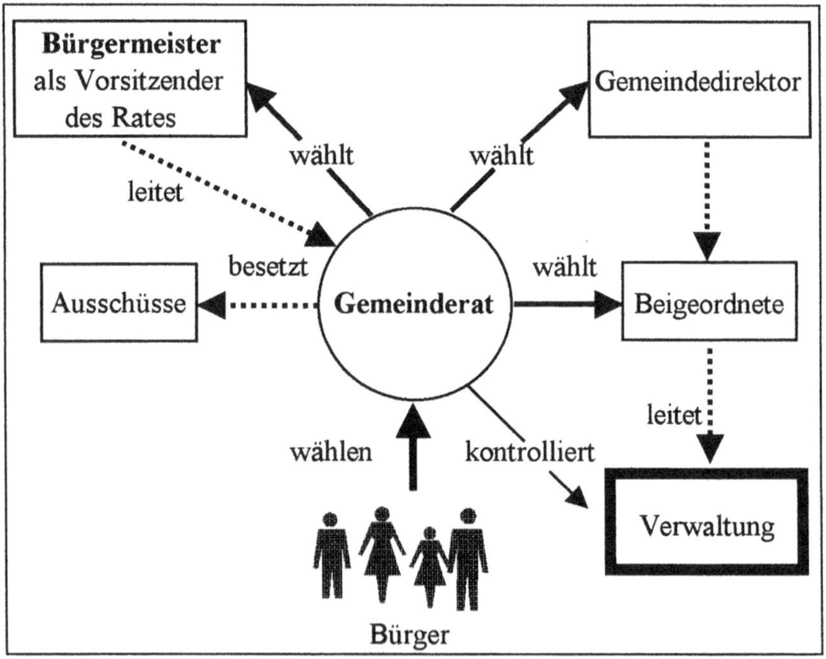

Abbildung 4: Norddeutsche Ratsverfassung

---

[33] Hans-Georg Wehling, Unterschiedliche Kommunalverfassungen in den Ländern, a.a.O., S.23f.

[34] Hans-Joachim Stargardt, a.a.O., S.123.

Die Verwaltung sollte nach britischen Vorstellungen entpolitisiert sein. Der ehrenamtliche Bürgermeister ist in diesem Verfassungstypus allein Vorsitzender des Rates, aus dessen Mitte er gewählt wird. Er besitzt nur einen kleinen Teil der Kompetenzen eines Bürgermeisters süddeutscher Prägung. Der Bürgermeister ist vor allem für die Repräsentation seiner Gemeinde zuständig.[35]

Die Verwaltung als das ausführende Organ des Rates wird vom Stadt- oder Gemeindedirektor geleitet. Dieser besorgt auch die Rechtsvertretung der Gemeinde. Als kommunaler Wahlbeamter, ist er hauptamtlich auf Zeit tätig. Der Rat wählt ihn und kann ihn mit qualifizierter Mehrheit auch jederzeit wieder abberufen.

Als Besonderheit ist für Niedersachsen als drittes Organ noch der Verwaltungsausschuß zu vermerken. Dieser bereitet sämtliche Beschlüsse des Rates vor. Er setzt sich aus dem Bürgermeister, einer kleinen Zahl von Ratsmitgliedern sowie aus dem Stadt- bzw. Gemeindedirektor zusammen. Beraten wird in nichtöffentlichen Sitzungen; einige Entscheidungen werden dort bereits endgültig getroffen.[36]

Trotz genauer Kompetenzabgrenzung sind "Übergriffe" in diesem Verfassungssystem prinzipiell nicht zu vermeiden, was entsprechende Konflikte mit sich bringt. Schon die Bezeichnung "Bürgermeister" wird von den Bürgern mißverstanden. Sie wenden sich mit ihren Sorgen und Beschwerden vielfach an den Bürgermeister, wenngleich eigentlich der Chef der Verwaltung die richtige Adresse wäre. Das gleiche gilt für auswärtige Investoren oder ausländische Politiker.[37]

---

[35] Hans-Georg Wehling, Unterschiedliche Kommunalverfassungen in den Ländern, a.a.O., S.20.

[36] Franz-Ludwig Knemeyer, a.a.O., S.84f.

[37] Hans-Georg Wehling, Unterschiedliche Kommunalverfassungen in den Ländern, a.a.O., S.20.

2.1.3. Local Government

In England wird heute nur noch selten von der "kommunalen oder lokalen Selbstverwaltung" gesprochen. Statt dessen ist seit langem vom "local government" und neuerdings von "local democracy" die Rede. Diese Begriffe lassen sich weder rechtlich noch politisch scharf fassen. "Local Government" kann man auch ebensowenig in die deutsche Terminologie übertragen -"Lokale Regierung" würde nur Verwirrung stiften. Der Begriff hebt auf das repräsentative Prinzip ab und schließt den Anspruch auf die politische Selbständigkeit der Kommunen ein.[38]

Nach Beendigung des II.Weltkrieges wollte die britische Besatzungsmacht mit der Verordnung Nr.21 vom 01.April 1946, einer "Revidierten Deutschen Gemeindeordnung", das "Naziwesen austilgen". Sie war der Meinung, daß gerade die (konservative) Beamtenschaft mit ihren quasi "diktatorischen" Befugnissen eine der Hauptstützen des untergegangenen Regimes gewesen war. Aus diesem Grund wurden die vor dem Krieg entwikkelten kommunalen Verfassungsmodelle verworfen. Die Briten griffen auf das ihnen vertraute Modell des Local Government zurück.[39]
Das englische Kommunalverfassungsmodell war in Deutschland, zumindest in der Theorie, nicht unbekannt. Bereits im 19.Jahrhundert hatte die englische kommunale Selbstverwaltung ein reges Interesse hervorgerufen. *Rudolf von Gneist* hob die Bedeutung der ehrenamtlichen Mitwirkung von Honoratiorenpolitikern an der Wahrnehmung staatlicher Angelegenheiten hervor. Er zog aus den englischen Erfahrungen Lehren für die weitere Entwicklung der Kreisverwaltung in Preußen. Der große österreichische Jurist, *Josef Redlich,* ergänzte und korrigierte um die Jahrhundertwende in

---

[38] Nevil Johnson, Die kommunale Selbstverwaltung in England, in: Hans-Uwe Erichsen/Werner Hoppe/Adalbert Leidinger (Hrsg.): Kommunalverfassungen in Europa, Köln 1988, S.20.
[39] Gert Hoffmann, a.a.O., S.32ff.

seinem Buch über die englische Lokalverwaltung[40] u.a. *Gneists* Theorien der englischen kommunalen Selbstverwaltung.[41]
Das Argument eines nicht auf die Gegebenheiten der deutschen Kommunalverwaltung passenden Modells wurde mit der Novellierung der niedersächsischen Gemeindeordnung im Jahre 1955 und weiteren grundlegenden Novellierungen in den Jahren 1963, 1971 und 1982 gegenstandslos. In den nahezu vier Jahrzehnten hatte die NGO eine eigene Identität entwickelt.[42]

2.1.3.1. Historische Betrachtung

Da in Großbritannien in den letzten Jahrhunderten keine Revolutionen stattfanden, in denen althergebrachte Institutionen auf die Dauer beseitigt worden wären, haben sich auch im Bereich der Gemeindeverwaltung alte Formen und Bezeichnungen, manche seit über tausend Jahren, bis heute erhalten.[43]
Die kommunale Selbstverwaltung in England stützt sich nicht auf eine verfassungsrechtliche Garantie. Sie wurde nie in eine die Struktur des Staates bestimmende Rechtsordnung eingebunden. Sie entwickelte sich auf Grund von Privilegien, parlamentarischer Gesetzgebung, administrativen Anweisungen seitens der Zentralregierung und politischer Übereinstimmung unter den jeweils herrschenden Kräften in der Gesellschaft.[44]
Als Prävention für revolutionäre Aktivitäten auf den Wogen der amerikanischen Revolution (1776) und der Französischen Revolution (1789), im besonderen aber der Julirevolution in Frankreich (1830) wurde in England zu Beginn der 30er Jahre des 19.Jahrhunderts eine Reform der Gemeinde-

---

[40] Josef Redlich, Englische Lokalverwaltung, Wien 1901.
[41] Nevil Johnson, a.a.O., S.19.
[42] Jörn Ipsen, Die Doppelspitze in der niedersächsischen Kommunalverfassung, in: Bernd Becker/Hans Peter Bull/Otfried Seewald, Festschrift für Werner Thieme, Köln/Berlin/Bonn/München 1993, S.831.
[43] Heinrich Händel, Großbritannien, München 1979, S.136.
[44] Nevil Johnson, a.a.O., S.20.

verwaltung durchgeführt. Im Zusammenhang mit der Reform des Unterhauswahlrechts von 1832 kam ein Wandel der kommunalen Selbstverwaltung hin zum heutige Local Government in Gang. Diese Reform brachte einen ersten Ansatz zu einer Demokratisierung des politischen Lebens in Großbritannien.[45] Nach diesem Anfang wurde drei Jahre später, im Jahre 1835, eine große Reform durchgeführte, die sich jedoch nur auf bestimmte Gemeinden und Städte erstreckte. Erst zum Ende des 19.Jahrhunderts wurde die ländliche lokale Verwaltung reformiert. Die Gesetze der Jahre 1888, 1894 und 1899 brachten das System der kommunalen Selbstverwaltung annähernd auf den Stand, der bis 1974 weitgehend erhalten blieb. Einhergehend mit diesen Reformgesetzen wurde das allgemeine Wahlrecht für Männer eingeführt.[46]

Das sich im Laufe der Zeit wandelnde Aufgabenspektrum der Gemeinden erweiterte die Rolle des Local Government hin zum Erbringung wichtiger Dienstleistungen für die Bevölkerung. Um dies bewerkstelligen zu können, mußte eine moderne Gemeinde so klein und bürgernah wie möglich, aber zugleich so groß wie nötig gestaltet werden. Die mit diesen Gedanken zwischen den Jahren 1950 und 1986 initiierten Gebietsreformen - die größten Veränderungen fanden in den Jahren 1972 bis 1974 statt - verringerten die Anzahl der Gemeinden in England und Wales um 68% (in Deutschland um 65%). Diese überwiegend positiv gewertete Zusammenlegung versetzte die Gebietskörperschaften in die Lage, mehr Aufgaben aus eigener Kraft zu bewältigen.[47]

---

[45] Heinrich Händel, a.a.O., S.138.

[46] Nevil Johnson, a.a.O., S.21.

[47] Philip Blair, Die Gestaltung der kommunalen Selbstverwaltung in den europäischen Staaten, in: DÖV 12/88, S.1004.

2.1.3.2. Kommunalstrukturvergleich

Um einen Vergleich zwischen der NKV und ihrem Vorbild, der britischen KV, ziehen zu können, müssen auch die administrativen Gesamtstrukturen der beiden Länder betrachtet werden.
Großbritannien besitzt keine regionalen Gebietskörperschaften. In NdS hingegen existieren vier Regierungsbezirke. Die obere kommunale Stufe bildeten zu Beginn der 80er Jahre in England und Wales 47 *counties*, in Schottland neun *regions* und drei *islands authorities*. Die *counties* stellen die kompetenz- und finanzstärkste kommunale Stufe dar. In NdS gab es Anfang der 90er Jahre neun kreisfreie Städte sowie 38 Landkreise. In Großbritannien gingen die *county boroughs* (grafschaftsfreien Städte) im Zuge der Gebietsreform 1972 in den *districts* mit auf. Auf Gemeindeebene gab es in England und Wales 333 *non-metropolitan* sowie 36 *metropolitan districts*, in NdS 1.031 Gemeinden. Unterhalb der Gemeinde wurde in England und Wales eine weite Ebene von Gebietskörperschaften eingerichtet. Sie werden als *parishes* bezeichnet; ihre Anzahl beträgt etwa 10.000.[48] Diese Parishes hätten, wie in anderen Ländern auch, durchaus zur Grundstufe der kommunalen Selbstverwaltung ausgebaut werden können. De facto sind sie unbedeutende Gebilde geblieben, die zwar einige örtliche Kompetenzen für Schrebergärten, Parkplätze, Straßenbeleuchtung, Freizeiteinrichtungen usw. besitzen, aber nur konkurrierend oder ergänzend zu den *districts* tätig werden können. Daraus ergibt sich, daß in England nur die *districts* und *counties* als wesentliche Selbstverwaltungskörperschaften gewertet werden können.[49]
Nach dieser kurzen Betrachtung des strukturellen Aufbaus sollen nun die Größenordnungen der Kommunen anhand von einigen Zahlen beleuchtet werden. Blair veröffentlichte diesbezüglich die folgenden Daten, die er Regierungsangaben der frühen 80er Jahren entnommen hatte.[50]

---

[48] Philip Blair, a.a.O., S.1010.
[49] Ebd., S.1003f.
[50] Ebd., S.1002ff.

Demzufolge hatten in der damaligen Bundesrepublik Deutschland 37% der Gemeinden weniger als 1000 Einwohner. In Großbritannien gab es überhaupt keine so kleine Gemeinde. Dort hatten weit über 30% der Gemeinden mehr als 100.000 Einwohner, in der alten Bundesrepublik waren es nur 0,8%.
Die durchschnittliche Gemeinde (*district*) in England und Wales, ausgenommen die Ballungsgebiete, war mit 96.000 Einwohnern mehr als halb so groß wie ein deutscher Landkreis.[51] In Niedersachsen hatte zum Beginn der 90er Jahre im Durchschnitt jede Gemeinde 7.418, jeder Landkreis 201.263 Einwohner.
Die finanzielle Ausstattung der Kommunen in Großbritannien und Bundesrepublik Deutschland unterscheiden sich auch wesentlich. Während in Großbritannien der Umfang der kommunalen Finanzen im Verhältnis zum Bruttosozialprodukt Ende der 80er Jahre bei 10,1% lag, so erhielten die Kommunen in der Bundesrepublik nur 5,3%.[52] Ein Grund für diesen erheblichen Unterschied ist darin zu finden, daß in der Bundesrepublik die Länder einige Aufgaben abwickeln, die in Großbritannien Kommunalangelegenheiten sind.

2.1.3.3. Kommunalverfassung

In der Kommunalpolitik Großbritanniens herrscht das "Ratsprinzip"; die Gemeinden werden durch Ausschüsse regiert. Eine klar identifizierbare Exekutive ist in Großbritannien nicht erkennbar. Dem englischen Bürgermeister (*mayor*) fallen rein repräsentative Aufgaben zu. Daraus ergibt sich, daß der Rat die legislative und exekutive Funktion vereint. Viele Exekutivaufgaben werden an bestimmte ständige Ratsausschüsse delegiert, die dadurch für ihre Fachbereiche als Ausführungsorgan fungieren. Der kommunale Verwaltungsapparat ist dem Rat unmittelbar unterstellt.[53]

---

[51] Ebd., S.1003.
[52] Ebd., S.1008.
[53] Ebd., S.1008.

Die Kommunalpolitik in Großbritannien soll überparteilich gestaltet werden. In den letzten Jahren traten in den Gemeinderäten aber immer mehr Parteigruppierungen zutage; trotzdem hat sich nichts an der parteienfernen Grundeinstellung geändert.[54] Den politischen Parteien ist unbewußt eine den Entscheidungsfindungsprozeß unterstützende Rolle zugewachsen. Dies resultiert nicht zuletzt aus dem schwachen Auftreten der britischen Parteien. Sie verfügen im Verhältnis zu Deutschland über weniger Mitglieder und sind hauptsächlich auf das politische Geschehen in Westminster fixiert. Durch das enge Zusammenarbeiten der Fachausschüsse des Rates mit den fachlichen Verwaltungsabteilungen ist jedes Ratsmitglied an der praktischen Gestaltung der örtlichen Angelegenheiten beteiligt, was einerseits diesen Angelegenheiten sehr förderlich sein kann, aber andererseits einer übergreifenden Sicht der kommunalen Probleme sowie einer straffen Verwaltungsleitung zuwiderläuft. Die britischen Kommunen haben durch die Schaffung eines starken zentralen Ausschusses, oft als "*policy and resources committee*" bezeichnet, versucht, dieser Fragmentierung entgegenzusteuern. Insbesondere die politischen Parteien nehmen demgegenüber eine gewisse koordinierende Rolle ein.[55]

Nach der in Großbritannien geltenden Rechtsdoktrin des "*ultra vires*" dürfen die kommunalen Gebietskörperschaften nur solche Aufgaben wahrnehmen, die ihnen ausdrücklich per Gesetz zugewiesen wurden. Nur ein kleiner, festgelegter Anteil des Haushalts darf für andere, im Ermessen der Räte den Interessen der örtlichen Bevölkerung dienliche, Zwecke verwendet werden.[56]

Das 1972 erlassene Gemeindegesetz (Local Government Act) für England schreibt den lokalen Behörden explizit vor, daß sie mindestens einen Schulausschuß, einen Polizeiausschuß und einen Ausschuß für soziale Dienste einzusetzen haben. Über diese Ausschüsse hinaus verfügen sie meist auch über einen Ausschuß für besondere Aufgaben. In den Ausschüssen müssen jedoch mindestens zwei Drittel der Mitglieder aus der

---

[54] Heinrich Händel, a.a.O., S.144.
[55] Philip Blair, a.a.O., S.1009.
[56] Philip Blair, a.a.O., S.1006.

Verwaltung stammen. Mitglied dieser Ausschüsse, abgesehen vom Finanzausschuß, kann auch jemand werden, der nicht Mitglied der Verwaltung ist. Diese Ausschüsse reichen ihre Empfehlungen an den Rat (*council*) weiter, der sich in seinen Entscheidungen in der Regel an diese Empfehlungen hält.[57]

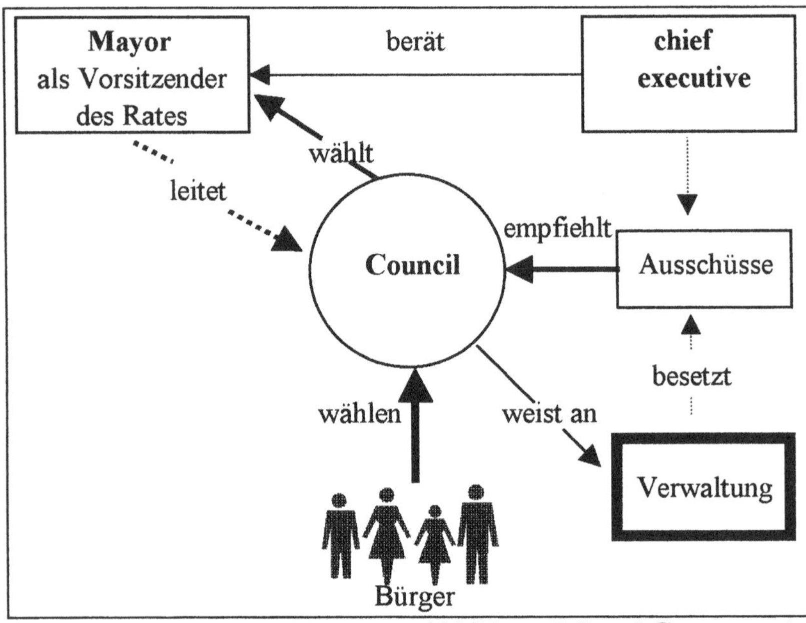

Abbildung 5: Local Government

An der Spitze des Rates steht der Bürgermeister. Er wird für die Dauer eines Jahres gewählt. Der Rat kann dem Bürgermeister eine angemessene Vergütung zahlen. Der Bürgermeister wird vom Leiter der Verwaltung (*chief executive*) beraten und unterstützt. Die Ratsmitglieder werden durch Wahlen bestimmt. Ihre Amtszeit beläuft sich in der Regel auf drei Jahre.[58]

---

[57] Sir Ivor W. Jennings/Gerhard A. Ritter, Das britische Regierungssystem, Opladen 1970, S.333.
[58] Ebd., S.332ff.

Im Unterschied zu den bevölkerungsstärkeren Ländern Deutschlands hat Großbritannien einen Staatsaufbau, dem die mittlere/regionale und in naher Zukunft auch die Kreisebene fehlt.[59] Demzufolge finden im Gegensatz zu Deutschland keine regelmäßige Rechtmäßigkeitskontrollen (Kommunalaufsicht) der Gemeinden statt. Diese Kontrollen entsprächen ohnehin nicht dem britischen Verständnis der kommunalen Selbstverwaltung und würden daher als Vormundschaft empfunden werden. Um trotz allem eine gewisse Kontrolle ausüben zu können, werden Gesetze sachbezogen erlassen und räumen dadurch dem zuständigen Minister in London Genehmigungsbefugnisse oder Aufsichtsrechte ein, die die Zweckmäßigkeit kommunaler Maßnahmen betreffen.[60] Die kommunalen Strukturen definieren sich ausschließlich aus den von der Zentralregierung abgeleiteten administrativen Notwendigkeiten. Der aus der Historie abgeleitete Gedanke der Gemeinde als "Keimzelle der Demokratie" spielt als Kriterium für kommunale Strukturentscheidungen keine Rolle.[61]

Die Kommunale Regierung (*local government*) ist im Vergleich zu Deutschland weitaus stärker an die Parlamentssouveränität gekoppelt. Selbst die Legitimation der Gemeinderäte durch Wahlen ist dieser Souveränität untergeordnet. Das mehrheitlich konservative Parlament bewies dies in der Amtszeit von *Magaret Thatcher* dies 1986, als der Londoner Stadtrat sowie sechs ebenfalls politisch nicht genehme Räte englischer Großstadtagglomerationen abgeschafft wurden. Neben politischen werden bei Kommunalreformen häufig finanzielle sowie Effizienzargumente zur Begründung vorgebracht.[62] Der Sozialdemokrat *Tony Blair* nahm nach

---

[59] Seit Ende der 90er Jahre gibt es in Schottland und Wales – noch nicht in England – eine mittlere Ebene in Gestalt autonomer Regionalverwaltungen. Da es darüber noch keine Erfahrungen gibt können diese Änderungen noch nicht berücksichtigt werden.

[60] Philip Blair, a.a.O., S.1011.

[61] Roland Sturm, Staatsordnung und politisches System, in: Hans Kastendiek/ Karl Rohe/Angelika Volle (Hrsg.), Länderbericht Großbritannien, Bonn 1994, S.189.

[62] Ebd., S.189.

seinem Amtsantritt diese kommunalen Veränderungen 1999 zurück und führte das Amt des Bürgermeisters in London wieder ein.
In der Thatcher-Ära wurden durch eine Vielzahl von Reformen die wichtigsten Gestaltungsfelder der Kommunen verlagert. Neben der Polizeiorganisation betrafen sie vor allem die Aufsicht über die wohlfahrtsstaatlichen Aktivitäten, die als Folge entweder an den Zentralstaat oder an institutionell autonome Gremien abgegeben werden mußten. So wurden zum Beispiel die früher zum Verantwortungsbereich der Gemeinden gehörende Technischen Hochschulen Ende der achtziger Jahre den Universitäten gleichgestellt und damit in die nationale Verantwortung übernommen.[63]
Betrachtet man die Vernetzung von Politik und Verwaltung in beiden Ländern, so erkennt man, daß im Unterschied zu den deutschen Beamten den Mitarbeitern der britischen Ministerialbürokratie ein öffentliches parteipolitisches Auftreten untersagt ist. Ein Wechsel von der Verwaltung in Spitzenpositionen der Politik und umgekehrt ist daher im britischen Staat nicht möglich. Die Beurlaubung vom Dienstposten zur Wahrnehmung einer Kandidatur für ein Mandat oder Wahlamt ist ebenfalls untersagt. Diejenigen Beamten, die eine gewisse Distanz zur engeren Regierungstätigkeit haben, dürfen sich dennoch kommunalpolitisch engagieren. Bei öffentlichen Äußerungen wird von ihnen erwartet, daß sie die politische Linie der amtierenden Regierung vertreten.[64]

2.1.3.4. Bewertung

Beim Vergleich der verschiedenen Verwaltungsebenen werden die gravierend unterschiedlichen Voraussetzungen für die Kommunalverfassung in Deutschland und Großbritannien deutlich. Neben den Unterschieden in den Größenordnungen fällt der Unterschied in der finanziellen Ausstattung sowie im Aufgabenbereich auf.

[63] Ebd., S.191.
[64] Ebd., S.202.

Die kommunalen Regierungen in Großbritannien sind ähnlich wie in Deutschland nur teilweise der verlängerte Arm der Zentralregierung. Den nur mit verhältnismäßig geringen allgemeinen Kompetenzen ausgestatteten britischen Kommunen fällt mit ihrer relativ breiten Paletten von klar umrissenen, teilweise wichtigen Eigenfunktionen (Schulwesen, Polizei, Wohnungswesen, usw.) sowie mit ihren in einigen Bereichen erheblichen Ermessensspielräumen im staatlichen Aufgabenspektrum eine wichtige Funktion zu.[65]

2.2. DIE NIEDERSÄCHSISCHE KOMMUNALVERFASSUNG VOR DER ÄNDERUNG

Im folgenden soll zunächst die förmliche Stellung des Bürgermeisters und des Gemeindedirektors vor der Reform beschrieben werden. Jeder Abschnitt endet mit einer kurzen Bewertung der normativen Ämterstatur an der praktischen Amtsführung. Diese Bewertungen sind vorläufig. Sie werden im nachfolgenden Abschnitt über das Spannungsverhältnis von Politik und Verwaltung aufgegriffen und vertieft, um die Situation zu umreißen, mit der sich der Reformprozeß auseinanderzusetzen hatte.

2.2.1. Stellung und Aufgabe des Bürgermeisters in der NKV

2.2.1.1. Aufgaben des Bürgermeisters

Damit ein Rat arbeitsfähig sein kann, benötigt er einen Vorsitzenden, der die Arbeit leitet und den Rat gegenüber anderen Organen, gegenüber der Aufsichtsbehörde, aber auch im Außenverhältnis vertritt. Dieser Vorsitzende hatte in der alten NKV, im Vergleich zu den anderen Mitgliedern des

---

[65] Philip Blair, a.a.O., S.1006.

Rats, keine besonderen Rechte, seine Stimme hatte kein größeres Gewicht. Er war "Erster unter Gleichen".[66]

Der Ratsvorsitzende führte die Bezeichnung Bürgermeister, in kreisfreien und großen selbständigen Städten Oberbürgermeister.[67] Seine Tätigkeit war ehrenamtlich.

Im einzelnen hatte er zunächst die typischen Aufgaben und Befugnisse eines Vorsitzenden. Zu diesen zählte:

- die Einberufung der Ratssitzung (§§ 41 NGO, 38 NLO),
- die Aufstellung der Tagesordnung (§§ 44 NGO, 45 NLO),
- die Leitung der Verhandlungen, die Eröffnung und Schließung der Sitzung, die Aufrechterhaltung der Ordnung sowie das Hausrecht (§ 44 NGO),
- die Feststellung der Beschlußfähigkeit (§ 46 NGO),
- der Losentscheid bei Wahlen (§ 48 NGO) sowie
- die Unterzeichnung der Niederschrift (§ 49 NGO).

Als Vorsitzendem wurden ihm ebenfalls folgende Zuständigkeiten übertragen:

- die Entgegennahme des Nachweises über die Unvereinbarkeit (§ 35a (5) NGO),
- die Entgegennahme der Verzichterklärung, die zum Sitzverlust führten (§ 37 NGO),
- die Entgegennahme der Mitteilung über die Erhebung einer Klage gegen das Ratsmitglied oder über die Verfügungsbeschränkungen (§ 38 NGO),
- die Verpflichtung der Ratsmitglieder (§ 42 NGO),
- den Losentscheid bei der Bildung des Verwaltungsausschusses und der anderen Ausschüsse (§§ 51(2), 56(3) NGO) sowie
- die Anfertigung eines Berichts an die Aufsichtsbehörde bei einem wiederholten Einspruch des Gemeindedirektors (§ 65 NGO).

---

[66] Erwin Weißhaar, Allgemeines Kommunalrecht in Niedersachsen, Herford 1989, S.202.

[67] Robert Thiele, Niedersächsische Gemeindeordnung, a.a.O., S.23.

Der Bürgermeister war schließlich auch an der Erledigung von Verwaltungsaufgaben mit beteiligt:

- Er unterzeichnete Satzungen mit (§ 6(4) NGO),
- belehrte die zu ehrenamtlichen Tätigkeiten Berufenen (§ 28 NGO),
- wurde über Geheimangelegenheiten unterrichtet (62(4) NGO),
- verwaltete das Amt des Gemeindedirektors in Gemeinden, die einer Samtgemeinde angehörten, ehrenamtlich (§ 70 NGO),
- unterzeichnete die Urkunden zur Ernennung von Beamten mit (§ 80(5) NGO),
- fällte Entscheidungen in Zusammenarbeit mit dem Gemeindedirektor über zu tätigende zu hohe oder außerplanmäßige Ausgaben (§ 89(1) NGO) und
- konnte Nottestamente aufnehmen (§§ 2249, 2250 BGB).

Der Bürgermeister war für die repräsentative Vertretung der Gemeinde nach außen zuständig. Wie er dies tat, blieb ihm selbst überlassen. Erklärungen, durch die die Gemeinde verpflichtet wurde, konnte der Bürgermeister nur gemeinsam mit dem Gemeindedirektor abgeben (§ 63(2) NGO). In Angelegenheiten, die den Gemeindedirektor persönlich betrafen, war allein der Bürgermeister zuständig.[68]

Zusammen mit dem Gemeindedirektor konnte der Bürgermeister in dringenden Fällen, in denen die vorherige Entscheidung des Rates oder des Verwaltungsausschusses nicht eingeholt werden konnte, die notwendigen Entscheidungen treffen (§ 66 NGO).[69]

---

[68] Erwin Weißhaar, a.a.O., S.205f.

[69] Robert Thiele, ABC des kommunalen Verfassungsrechts in Niedersachsen, a.a.O., S.54.

2.2.1.2. Wahl des Bürgermeisters

Erst nachdem die neugewählten Ratsmitglieder unter der Leitung des ältesten anwesenden, hierzu bereiten Ratsmitglieds den Bürgermeister gewählt hatten, konnte sich der Rat als handlungsfähiges Organ konstituieren und Beschlüsse fassen. Der Bürgermeister wurde für die Dauer der Wahlperiode, im allgemeinen fünf Jahre, gewählt; eine kürzere Zeitspanne, um etwa aufgrund einer Koalitionsvereinbarung den Vorsitz zu wechseln, war unzulässig.

Der bisherige Bürgermeister, der diese Funktion bis zur Wahl seines Nachfolgers ausübte und daher die Sitzung einberief, eröffnete und bis dahin geleitet hatte, stellte das älteste anwesende, zur Leitung der Wahl bereite Mitglied fest und gab den Vorsitz ab – wenn er nicht in den Rat wiedergewählt und selbst das älteste Mitglied war.

Gewählt werden konnte nur derjenige, der von einer Fraktion/Gruppe als Kandidat nominiert worden war. Nominierungen durfte im allgemeinen nur die Fraktion/Gruppe aussprechen, die mindestens einen Sitz im Verwaltungsausschuß innehatte.[70]

Mit einer Zweidrittelmehrheit war die "Abwahl" des Bürgermeisters durch den Rat, ohne vorherige Vorbereitung durch den Verwaltungsausschuß, möglich. Die geplante Abberufung mußte allerdings auf der Tagesordnung stehen, sie konnte nicht nachträglich aufgenommen werden. In diesem Fall hatte der stellvertretende Ratsvorsitzende die Sitzung einzuberufen und die Sitzung zu leiten. Er war auch der Adressat des Abberufungsantrages, den jedes Ratsmitglied stellen durfte.[71]

---

[70] Erwin Weißhaar, a.a.O., S.202f.

[71] Ebd., S.204.

2.2.1.3. Vorläufige Bewertung der Amtspraxis

Auf der kommunalen Ebene hat eine Personalisierung stattgefunden. Es geht erheblich weniger um Programme, es geht vielmehr um Personen.[72] Die Wahlkämpfe wurden, wie auch in letzter Zeit auf Bundes- und Landesebene, teilweise oder vollständig mit der Person des Bürgermeisterkandidaten geführt. Es fanden Personenwahlen statt. In der NKV hatte der Bürgermeister eine durch sein öffentliches Auftreten für den Bürger scheinbar bedeutende Rolle, die durch die Kompetenzen aber nicht gedeckt war. Die zentrale politische Rolle, die ihm später durch die Reform zugesprochen wurde, hatte er in der Öffentlichkeit bereits inne. Der Bürgermeister sollte, und das wurde dann umgesetzt, der Mittler zwischen Verwaltung und Rat sein. Er erhielt auch die entsprechenden Kompetenzen für seine Position.

2.2.2. Stellung und Aufgabe des Gemeindedirektors in der NKV

2.2.2.1. Aufgaben des Gemeindedirektors

Der Begriff "Gemeindedirektor" wurde in der NGO in doppelter Bedeutung verwand. Zum einen wurde damit das dritte – monokratische – Organ der Gemeinde bezeichnet, dem zum Teil die Willensbildung oblag, das weiterhin sämtliche Entscheidungen des Rates, des Verwaltungsausschusses und der sonstigen Gremien (auch seine eigenen) auszuführen hatte und das schließlich die Gemeinde rechtlich nach außen vertrat. Zum anderen trug er die Amtsbezeichnung des Hauptverwaltungsbeamten, er war also Leiter der Verwaltung. Der Rat war ihm gegenüber Dienstvorgesetzter und somit zuständig für persönliche Entscheidungen, hatte aber keine Vorgesetztenfunktion und blieb somit ohne Weisungsbefugnis.[73]

---

[72] Gerd Treffer, Einführung in die Kommunalpolitik, München 1995, S.19.
[73] Erwin Weißhaar, a.a.O., S.217.

Der Gemeindedirektor hatte die Beschlüsse des Verwaltungsausschusses, der Stadtbezirksräte und der Ortsräte vorzubereiten, wobei er bei der Vorbereitung der Beschlüsse des Verwaltungsausschusses die Fachausschüsse des Rats beteiligen sollte. Er mußte die gefaßten Entschlüsse ausführen und die ihm vom Verwaltungsausschuß übertragenen Aufgaben erfüllen (§ 62(1) Satz 1 u. 2 NGO).
Er war ferner in Fragen der Gefahrenabwehr, der Verteidigung einschließlich des Schutzes der Zivilbevölkerung sowie vom Bund übertragener Aufgaben (gem. § 5(2) NGO) zuständig. Aufgaben, die der Geheimhaltung (gem. § 5(3) NGO) unterlagen, fielen ihm ebenfalls zu (§ 62(1) Satz 3 u. 4 NGO).
Er hatte die Weisungen der Kommunal- und Fachaufsichtsbehörden auszuführen, soweit dabei kein Ermessensspielraum gegeben war (§ 62(1) Satz 5).
Der Gemeindedirektor leitete und beaufsichtigte den Geschäftsgang der Verwaltung. Im Rahmen der Richtlinien des Rates regelte er die Geschäftsverteilung. Im Sinne der Geheimhaltungsvorschriften war der Gemeindedirektor der Dienststellenleiter und wurde im Sinne dieser Vorschriften durch die Kommunalaufsichtsbehörde ermächtigt (§ 62(2) NGO).
Der Gemeindedirektor hatte den Rat, den Verwaltungsausschuß und, soweit es sich um Angelegenheiten eines Stadtbezirks oder einer Ortschaft handelte, den Stadtbezirks- oder Ortsrat über wichtige Angelegenheiten zu unterrichten (§ 62(3) NGO).
Über wichtige Angelegenheiten, die der Geheimhaltung unterlagen, war nur der Bürgermeister zu unterrichten (s. 2.2.1.1.).[74]
Nach außen vertrat der Gemeindedirektor die Gemeinde in Rechts- und Verwaltungsgeschäften sowie im gerichtlichen Verfahren (§ 63(1) NGO).
Erklärungen, durch die die Gemeinde verpflichtet werden sollte, konnte der Gemeindedirektor nur gemeinsam mit dem Bürgermeister abgeben (s. 2.2.1.1.).

---

[74] Robert Thiele, ABC des kommunalen Verfassungsrechts in Niedersachsen, a.a.O., S.52f.

In Angelegenheiten, die den Gemeindedirektor persönlich betrafen, wurde die Gemeinde vom Bürgermeister vertreten (s. 2.2.1.1.).[75]
Der Gemeindedirektor nahm an den Ratssitzungen teil. Er war verpflichtet, dem Rat auf Verlangen Auskunft zu erteilen, ausschließlich der Angelegenheiten, die der Geheimhaltung unterlagen. Er konnte verlangen, zum Gegenstand der Verhandlung gehört zu werden. Dies galt auch für Sitzungen des Verwaltungsausschusses (§ 64(1) NGO).
Für Sitzungen der Ausschüsse des Rats, der Stadträte und der Ortsräte galt § 64(1) NGO entsprechend. Hier konnte sich der Gemeindedirektor durch einen von ihm § 64(1) NGO bestimmten Beamten oder Angestellten vertreten lassen. Persönlich hatte er nur an den Sitzungen teilzunehmen, wenn es ein Drittel der Mitglieder eines Ratsausschusses, eines Stadtbezirks- oder Ortsrats verlangten. Verwaltete der Samtgemeindedirektor[76] das Amt des Gemeindedirektors nebenamtlich, so konnte seine Teilnahme an Sitzungen der Ratsausschüsse von Mitgliedsgemeinden der Samtgemeinde nicht verlangt werden (§ 64(2) NGO).[77]
Der Gemeindedirektor hatte die Beschlüsse des Rates, des Verwaltungsausschusses, eines Stadtbezirks- oder Ortsrats auf ihre Rechtmäßigkeit hin

---

[75] Ebd., S.53.
[76] In NdS unterscheidet man zwischen der Samtgemeinde und der Einheitsgemeinde.
Die Einheitsgemeinde besteht aus dem Zusammenschluß mehrerer Gemeinden mit einer bestimmten Gemeinde/Stadt, die dann Ortsräte bilden sowie einen gemeinsamen Rat der Stadt.
Die Gemeinden einer Samtgemeinde werden durch Satzung Mitgliedsgemeinden eines Verbandes. Die Räte der Mitgliedsgemeinden behalten die Zuständigkeit ihrer Gemeinden und behalten somit ihre Selbständigkeit. Die Samtgemeinde bildet einen Samtgemeinderat, der Aufgaben der Mitgliedsgemeinden übernimmt.
Ludwig Reißner, Samtgemeinde-Einheitsgemeinde, in: Die Niedersächsische Gemeinde, Mai 1971, S. 117ff.
[77] Ebd., S.53f.

zu prüfen. Hielt er sie für gesetzwidrig, so mußte er dagegen Einspruch einlegen. Dieser Einspruch hatte aufschiebende Wirkung (§ 65 NGO).[78]
In dringenden Fällen, in denen die vorherige Entscheidung des Rates oder des Verwaltungsausschusses nicht eingeholt werden konnte, ordnete der Gemeindedirektor im Einvernehmen mit dem Bürgermeister die notwendigen Maßnahmen an. Der Gemeindedirektor hatte den Rat oder den Verwaltungsausschuß unverzüglich hiervon zu unterrichten (§ 66 NGO).[79]

2.2.2.2. Wahl des Gemeindedirektors

Die Wahl erfolgte nach § 61 NGO. Der Gemeindedirektor wurde vom Rat gewählt. Die Wahl durfte frühestens zwölf Monate vor Ablauf der Amtszeit des bisherigen Gemeindedirektors stattfinden. Schied ein Gemeindedirektor aus, so war eine Neuwahl binnen sechs Monaten durchzuführen.
Die Stelle des neu zu besetzenden Gemeindedirektors mußte öffentlich ausgeschrieben werden. In der Ausschreibung mußten die Stelle genau erläutert und auch die Anforderungen dargestellt werden.
Eine dem Rat vorgegebene Bewerbungsfrist gab es für dieses Verfahren nicht. Vor der Abstimmung mußten die Ratsmitglieder genügend Zeit gehabt haben, um die Bewerbungsunterlagen, zumindest eine anonyme Aufstellung, geprüft und eine Meinung gebildet zu haben.
Die Stellenausschreibung konnte in Sonderfällen unterbleiben, wenn der Rat mit der Mehrheit seiner Mitglieder (gesetzliche Zahl) beschloß, den bisherigen Stelleninhaber, seinen Vertreter oder einen zur Gemeinde abgeordneten Beamten zu wählen.
Die Amtszeit des Gemeindedirektors betrug grundsätzlich zwölf Jahre, bei erstmaliger Wahl waren sechs Jahre möglich. Die erstmalige Wahl bezog sich auf die ausgeschriebene Stelle - unabhängig davon, ob der Kandidat schon früher an einem anderen Ort als Gemeindedirektor gearbeitet hatte.

---

[78] Ebd., S.54.
[79] Ebd., S.54f.

Die Amtszeit endete nach zwölf Jahren oder bei Erreichen des 65.Lebensjahrs.[80]

Der Gemeindedirektor war kein Laufbahnbeamter. Die Anforderungen wurden besonders auf das Amt an der Spitze der Verwaltung ausgelegt. Allgemein wurden ein sicheres Urteilsvermögen, ausgeprägte Führungseigenschaften und eine gute Kenntnis kommunaler Probleme gefordert. Verwaltungskenntnisse wurden nur dann benötigt, wenn der Gemeindedirektor tatsächlich selbst Verwaltungsaufgaben wahrzunehmen hatte.

Zusätzlich zu den allgemeinen Voraussetzungen war in den einfachen Gemeinden mindestens die Befähigung für die Laufbahn des gehobenen allgemeinen Verwaltungsdienst erforderlich. Der Bewerber mußte die zweite Verwaltungsprüfung abgelegt bzw. das Studium an der Fachhochschule Verwaltung und Rechtspflege erfolgreich absolviert haben oder seine Befähigung mußte vom Landespersonalausschuß festgestellt worden sein.

In den selbständigen Gemeinden sowie in den großen selbständigen und kreisfreien Städten mußte der Hauptverwaltungsbeamte zusätzlich die Befähigung zum Richteramt oder zum höheren allgemeinen Verwaltungsdienst besitzen, d.h. er mußte Jurist oder Sozial-/Wirtschaftswissenschaftler sein, wenn kein anderer leitender Beamter diese Voraussetzung erfüllte. Notfalls mußte der Rat die Stelle neu einrichten und besetzen. Die Befähigung mußte durch eine Prüfung erlangt worden sein, eine Feststellung durch den Landespersonalausschuß genügte nicht.[81]

Eine Abwahl (Abberufung) des Gemeindedirektors durch den Rat wurde als "Notbremse" vorgesehen, um die Funktion der Verwaltung aufrechterhalten zu können. Die Abberufung wurde ausdrücklich nicht als Disziplinarmaßnahme gestaltet, sondern sollte ein Akt des politischen Willens des Rates sein. Dienstpflichtverletzungen waren somit keine Voraussetzung für eine Abberufung, konnten aber mit eine Rolle spielen.

Für die Abberufung mußte ein Antrag von einer Dreiviertelmehrheit der Ratsmitglieder gestellt werden. Frühestens nach zwei Wochen mußte dann

---

[80] Erwin Weißhaar, a.a.O., S.218f.

[81] Ebd., S.221f.

über diesen Antrag in einer besonderen Sitzung namentlich abgestimmt werden. Eine Aussprache fand nicht statt. Der Abberufungs-Beschluß mußte ebenfalls mit einer Dreiviertelmehrheit der Mitglieder verabschiedet werden.
Nach seiner Abberufung erhielt der ehemalige Gemeindedirektor für den laufenden und die darauf folgenden drei Monate seine vollen Bezüge, danach für seine restliche Amtszeit die eines im einstweiligen Ruhestand befindlichen Beamten.

2.2.2.3. Vorläufige Bewertung der Amtspraxis

Förmlich war der Gemeindedirektor mit weitreichenden Kompetenzen ausgestattet. In der politischen Praxis war seine Position, nicht zuletzt aufgrund politischer Abhängigkeit vom Rat, wesentlich schwächer.

2.2.3. Spannungsfelder zwischen Politik und Verwaltung

2.2.3.1. Vernetzung von Politik und Verwaltung

Die NKV entsprach vor der Reform, d.h. noch unter dem Einfluß des britischen Modells nicht dem klassischen Modell der Gewaltenteilung. Verfassungsrechtlich wurden die Verwaltung und der Rat ursprünglich als ein Teil eines Ganzen, nämlich der Exekutive, eingerichtet. Im Gemeindeverfassungsrecht zeichnete sich aber eine interne Funktions- und Aufgabenverteilung ab. Dem Rat war nach der Gemeindeordnung (GO) die Aufgabe der Prüfung, Abwägung und abschließenden Festlegung in den *wesentlichen* Angelegenheiten der Stadt und Gemeindepolitik angedacht.[82] Dem

[82] Bernd Gröttrup, Direktwahl des Bürgermeisters und Demokratiereform, in: Zeitschrift für Gesetzgebung, München 1995, S.322.

Rat kam somit die politische Gubernativfunktion und der Administration jene der Programmverwirklichung und –umsetzung zu.[83]
Diese durch die GO verfassungsrechtlich vorgegebene Funktionsverteilung verwischte sich in der Verfassungswirklichkeit aber immer mehr[84] und machte einer wenig transparenten "Mischverwaltung" Platz.[85] Während sich die ältere Kritik an der Norddeutschen Ratsverfassung auf die Machtfülle des Leiters der Verwaltung bezog, stand in jüngerer Zeit die Kritik an der Machtlosigkeit des Hauptverwaltungsbeamten und an der Übermacht der Räte im Vordergrund.[86] Durch die stärkere Einflußnahme der Parteien auf kommunaler Ebene veränderte sich das Machtgefüge. Mit zunehmender Parlamentarisierung der Räte entstand die Möglichkeit, auf mittelbarem politischen Wege unmittelbaren Einfluß auf die administrative "Geschäftsführung" der Gemeinde zu erlangen. Diese Aufweichung der GO trifft die vom Gesetzgeber originär als repräsentativ gedachte Ratsfunktion nicht mehr.[87]
Politische Entscheidungen wurden also nicht mehr ausschließlich in den dafür vorgesehenen politischen Gremien oder an der administrativen Spitze getroffen. Statt dessen kamen Entscheidungen sogar auf der mittleren oder gar unteren Ebene von Politik und Verwaltung zustande. Entscheidungsmöglichkeiten der eigentlichen Gremien wurden durch diese Vorgehensweise der unteren Ebenen gelenkt.[88] Einige Bürgermeister griffen sogar am Hauptverwaltungsbeamten vorbei direkt in den Verwaltungsbereich ein.

---

[83] Friedhelm Possemeyer, Die Reform der Kommunalverfassung in Nordrhein-Westfalen und Niedersachsen, Münster/Hamburg 1991, S.71.
[84] Günter Bornemann, Führungsspitzen in den Städten und Gemeinden der Länder Niedersachsen und Nordrhein-Westfalen, in: Niedersächsische Städtetag 1988, Göttingen 1988, S.63.
[85] Reinhard Fingerhut/Siegfried Honert, Reform der Gemeindeordnung in Nordrhein-Westfalen?, in: Städte- und Gemeinderat 10/1989, S.298.
[86] Hans-Joachim Stargardt, a.a.O., S.120.
[87] Axel Saipa, Die Chance der Kommunalverfassungsreform in Niedersachsen und Nordrhein-Westfalen, in: DÖV 15/91, S.639.
[88] Guido Freis, Die Reform der Gemeindeverfassung in Nordrhein-Westfalen, Frankfurt 1998, S.43.

Um Entscheidungen in ihrem Sinne durchsetzen zu können, beeinflußten sie die zuständigen Sachbearbeiter der Verwaltung. Da sie diese Sachbearbeiter aber nicht anweisen konnten, setzten sie um so stärker das Prestige ihres Amtes ein. Je größer die Stadt oder Gemeinde war und je besser das persönliche oder parteipolitische Verhältnis des Bürgermeisters zu bestimmten Abteilungsleitern oder Sachbearbeitern, desto schneller konnte er in seinem Sinne Entscheidungen herbeiführen.
Auf der anderen Seite wurden durch das Rückholrecht[89] der Räte der Verwaltung zusätzlich Aufgaben entzogen und dem Rat (rück-) übertragen. Selbst kleine Sachentscheidungen, die ursprünglich vom Hauptverwaltungsbeamten im Rahmen der Geschäfte der laufenden Verwaltung gefällt werden konnten, wurden der Verwaltung aus der Hand genommen.[90] In einer Umfrage des Innenministers von NRW waren 65,8% der Befragten der Meinung, daß in den Ratssitzungen zu viel Zeit mit unwichtigen Themen verschenkt wurde.[91]
Der Aufgabenentzug bei der Verwaltung und der reziproke Aufgabenzuwachs der Räte hatten ihren Grund im Bestreben, die Kommunalverfassung in den Parteienstaat einzupassen. Der Bürger sollte wissen, welches Programm er mit dem Votum für eine Partei oder für einen Bürgermeisterkandidaten wählte.[92] Der von der Verfassung normierte Prozeß wurde de facto damit umgangen. Die dem Parteienbetrieb ferne "Sachlösungspolitik", das Leitbild der Norddeutschen Kommunalverfassung, geriet dabei ins Hintertreffen.[93]

---

[89] Den Räten in NdS stand die Möglichkeit offen, Angelegenheiten, die zur Entscheidung an Gemeindedirektoren oder Ausschüssen überwiesen oder diesen kraft Gesetz übertragen wurden, in ihren eigenen Zuständigkeitsbereich zurückzuholen.
[90] Axel Saipa, a.a.O., S.641.
[91] Hans-Uwe Erichsen, Aktuelle Probleme der Kommunalverfassung, in: NWVBL, Stuttgart 1990, S.39.
[92] Gert Hoffmann, a.a.O., S.231ff.
[93] Guido Freis, a.a.O., S.43.

Fazit: Verfassungsrechtlich gehörten die Verwaltung und der Rat zur Exekutive. Dem Rat oblag die Entscheidungsfindung, der Verwaltung die Vorbereitung und Durchführung. Im Laufe der Jahre verwischte diese Verfassungsnorm, es entstand eine "Mischverwaltung".

2.2.3.2. Steuerungspolitik versus Fachpolitik

Wie in NRW waren auch vielen Bürgern in NdS die Bezeichnungen "Gemeindedirektor" und "Bürgermeister" bekannt, doch ihre Aufgabenabgrenzung war vielen nicht klar.[94] Außenstehende wie Wirtschaftsrepräsentanten oder Vertreter inländischer und ausländischer Behörden legten die Rollenvorstellung des Amtsbegriffs "Bürgermeister" falsch aus.[95] In den meisten deutschen Kommunalverfassungen steht der Bürgermeister ja tatsächlich für die Verwaltung. Der Unterschied zwischen der verfassungsrechtlichen Norm der Norddeutschen Ratsverfassung und ihrer Praxis wurde im Laufe der Jahrzehnte immer größer. Es kam zu unproduktiven Reibungen, Zurechenbarkeitsproblemen bei der politischen Verantwortlichkeit und zu unübersichtlichen Entscheidungsabläufen. Die Ratspolitik wich bei allem Engagement der Beteiligten der Strategie- und Planungsdiskussion aus. Die Ratsmitglieder tolerierten zwar Planungen, mochten sie aber nicht. Sie waren für das Detail, wenn es einen gewissen Unterhaltungswert hatte, aber sie wollten keine großen Entscheidungen treffen, da diese gegebenenfalls auch unpopulär hätten ausfallen können. Dieser eklatante Mangel an politischer Initiativkraft wirkte sich besonders negativ auf die Arbeit der Räte aus.[96]

Selbst nach Jahrzehnten seit Geltung der GO war der Öffentlichkeit und der Bevölkerung unklar, wer denn für welche Entscheidung in der Gemeinde verantwortlich war. Wer nach dem Inhaber der Regierungsfunktion fragte, konnte in einer Gemeinde an den Gemeindedirektor geraten, der

---

[94] Hans-Uwe Erichsen, a.a.O., S.38.
[95] Axel Saipa, a.a.O., S.639.
[96] Bernd Gröttrup, a.a.O., S.322f.

nach der GO aber nur die Verwaltung zu leiten hatte und dessen ratsbezogene Aufgabe neben der Vorbereitung der Sitzungen vornehmlich in der Überwachung der Einhaltung der sachlichen und juristischen Richtigkeit der Ratsentscheidungen lag und nicht in der politischen Initiative. In einer anderen Gemeinde mochte man an den Bürgermeister verwiesen werden, der zwar die wesentliche Initiativrolle auf allen Ebenen hatte, obgleich er formell lediglich für die Leitung der Ratsversammlungen und die Präsentation der Gemeinde nach außen zuständig war.[97]
Die fachpolitische Seite (insbesondere Ratsmitglieder in "ihren" Fachausschüssen) entwickelte vielfach auch ein Übergewicht im Verhältnis zur steuerungspolitischen (dem Bürgermeister, den Fraktionsvorsitzenden) oder auch finanzpolitischen Seite (dem Gemeindedirektor).[98]
Die Zuständigkeitsvermutung lag rechtlich selbst in "einfachen Geschäften der laufenden Verwaltung" beim Rat. Diese einfachen Geschäfte galten zwar kraft Gesetz als dem Leiter der Verwaltung übertragen, standen aber unter dem Vorbehalts- oder Rückholrecht des Rates. Resultierend aus der fachlichen Überlegenheit der hauptamtlichen Verwaltungsmitarbeiter, trugen die Räte vielfach zur Lähmung der Geschäfte bei, weil diese eine über Gebühr mißtrauischen Kontrollhaltung gegenüber der Verwaltung einnahmen.[99] Dem in der Theorie erdachten Miteinander von Verwaltung und Politik stand in der Praxis ein Gegeneinander gegenüber. Diese Systemverschiebung konnte die Gemeindeordnung nur schwer verkrafteten. Es wurde nicht nur ein Machtkampf um die Führungsposition in der Gemeinde möglich, vielmehr erlitt aufgrund dieser Entwicklung das gesamte System der gemeindlichen Kompetenzverteilung erheblichen Schaden.[100]
Im Gegensatz zur alten Kommunalverfassung in NRW bestand in NdS ursprünglich eine Aufgabenteilung in wichtigen Angelegenheiten (Rat) und laufender Verwaltung (Gemeindedirektor); dies implizierte eine stärkere Stellung des Gemeindedirektors in NdS im Verhältnis zu NRW. In NdS

---

[97] Ebd., S.322f.; siehe hierzu auch: Hans-Joachim Stargardt, a.a.O., S.121f.
[98] Guido Freis, a.a.O., S.45.
[99] Friedhelm Possemeyer, a.a.O., S.98.
[100] Ebd., S.98f.

leitete und beaufsichtigte der Gemeindedirektor den Geschäftsgang der Verwaltung; er regelte im Rahmen der Richtlinien des Rates die Geschäftsverhältnisse.[101] Somit verfügte der Gemeindedirektor über einen gewissen Ermessensspielraum. Über wichtige Angelegenheiten hatte er den Rat, den Verwaltungsausschuß und, soweit es sich um Angelegenheiten eines Stadtbezirks oder einer Ortschaft handelte, den Stadtbezirksrat oder den Ortsrat lediglich zu unterrichten.[102] Dem Gemeindedirektor in NRW mußten die laufenden Geschäfte vom Rat übertragen werden. Dieser konnte nachträglich ein Geschäft wieder an sich ziehen.[103] Eine weitere Einschränkung bestand für den Gemeindedirektor in NRW im Passus "*einfache Geschäfte der laufenden Verwaltung*" und in der damit verbundene Definition der "*einfachen*" Geschäfte.[104]

In dem in NdS eingerichteten Verwaltungsausschuß hatte der Leiter der Verwaltung resultierend aus dem Mitwirkverbot der NGO[105] bloß eine beratende Stimme, und er durfte, wie auch in NRW, dem Rat nicht angehören.[106]

Fazit: Die Trennung zwischen der Steuerungs- und Fachpolitik verwischte sich in den letzten Jahrzehnten immer mehr.

---

[101] NGO §62(2).

[102] Ebd., §62(3).

[103] Norbert Achterberg/Günther Püttner, Besonderes Verwaltungsrecht, Band II, Heidelberg 1992, S.33; Michael Borchmann, Die Reform der Kommunalverfassung, insbesondere ein Beitrag zur Entwicklung der Bürgermeister-, Magistrats- und Ratsverfassung, Inaugural-Dissertation, Fachbereich Rechtswissenschaft, Johann Wolfgang-Goethe-Universität Frankfurt am Main, Frankfurt/Main 1975, S.99f.

[104] Jochen Becker, Geschichte der Gemeindespitze in Nordrhein-Westfalen, in: Geschichte im Westen (9) 1994, S.71.

[105] NGO §26.

[106] Hans-Joachim Stargardt, a.a.O., 123.

2.2.3.3. Rolle der Parteien in der Kommunalpolitik

Obwohl kommunale und lokale Fragen in der Bevölkerung stets Beachtung fanden, galt die kommunale Ebene in Deutschland lange - ihrer originären Bestimmung entsprechend - als eher unpolitisch. Kommunale Probleme wurden als überwiegend sachlicher und nicht parteipolitischer Natur angesehen. Nicht weniger als 74,4% der Befragten waren noch zu Beginn der siebziger Jahre in einer Umfrage der Meinung, daß Parteien in der Gemeindepolitik keine Rolle spielen sollten.[107]

Diese Funktionsteilung in der Norddeutschen Ratsverfassung verwischte sich, wie oben dargelegt, mit den Jahren immer mehr und machte einer wenig durchschaubaren "Mischverwaltung" Platz. Bürgermeister, Fraktions- und Ausschußvorsitzende, sogar einfache Ratsmitglieder, griffen immer häufiger in verwaltungsinterne Abläufe ein.[108] Die Folge dieser von den Ratsmitgliedern in die Verwaltung hinein gebauten "*Fayol'schen Brücken*"[109] waren eine Vielzahl am Leiter der Verwaltung vorbeilaufende Informationsstränge, die auf den verschiedensten Ebenen den Bereich der Politik mit dem der Verwaltung verknüpften. Eine weitere, weitreichende Folge war die daraus mit hoher Eigendynamik resultierende Bildung informeller Entscheidungssubsysteme.[110] Der Verwaltungschef verlor mit dem Überblick über die Geschehensabläufe in seiner Verwaltung auch seine Geschäftsleitungsfähigkeit.[111]

---

107 Wolfgang Rudzio, Das politische System der Bundesrepublik Deutschland, a.a.O., S.362.

108 Kurt Rossa, Stadtverwaltung zwischen Leistungskraft und Vasallentreue, in: Städte und Gemeinderat, 1987, S.243.

109 Der Begriff „Fayol'schen Brücken" wurde von Friedhelm Possemeyer zur Veranschauung als organisationstheoretisch, in einem nicht technischen Sinne, gebraucht.

110 Friedhelm Possemeyer, a.a.O., S.72.

111 Erwin Schleberger, Zur Reformbedürftigkeit des Kommunalverfassungsrechts in Nordrhein-Westfalen, in: NWVBL 6/1988, S.162f.

Die Verflechtung zwischen Politik und Verwaltung spiegelte sich in besonderem Maße im Bereich der Anstellung und Beförderung der Verwaltungsmitarbeiter wieder.[112] Nicht nur der Hauptverwaltungsbeamte, der eigentlich parteipolitisch unabhängig sein sollte, wurde entsprechend seiner Parteizugehörigkeit berufen. In allen Verwaltungen fand, unabhängig von ihrer Größe, sogar die Auswahl und Beförderung der Mitarbeiter auf Führungs- und mittlerer Ebene nach parteipolitischen Gesichtspunkten statt.[113]
Die so nach ihrem Parteibuch eingestellten oder beförderten Verwaltungsmitarbeiter blieben dadurch auch im Bereich der alltäglichen Dienstverrichtung "ihrer" Partei verpflichtet. Die so geförderten Beamten lehnten sich, um ihr berufliches Überleben und Weiterkommen zu sichern, immer mehr ihren Parteien an und vernachlässigten so ihre beamtenrechtlich geforderte Loyalität gegenüber dem Leiter der Verwaltung.[114]
Die Einflußnahme der Fraktionen auf die Verwaltung und ihre Arbeitsabläufe nahm mit den Jahren immer weiter zu.

Fazit: In den letzten Jahrzehnten haben die Parteien entgegen der Verfassungsnorm immer stärkeren Einfluß auf die Kommunalpolitik und auf die Geschäftsführung der Verwaltung übernommen.

2.2.3.4. Politische Dimension in der Verwaltung

Parallel zum immer stärker werdenden Einfluß der Politik auf die Verwaltung vergrößerte sich die Vereinnahmung der Politik durch die Verwaltung.

---

[112] Friedhelm Possemeyer, a.a.O., S.72.
[113] Gerhard Banner, Kommunale Steuerung zwischen Gemeindeordnung und Parteipolitik, in: DÖV 9/84, S.369.
[114] Gerhard Banner, Kommunalverfassung und Selbstverwaltungsleistung, in: Dieter Schimanke (Hrsg.), Stadtdirektor oder Bürgermeister, Berlin 1989, S.50f.

Im Laufe der Zeit bildeten sich Möglichkeiten der Administration heraus, auf die Politik Einfluß zu nehmen und diese so mitzugestalten. Dieses war nahezu flächendeckend in allen Gemeinden anzutreffen. Sehr deutlich nahm es Possemeyer bei einer auch nur oberflächlich angestellten Betrachtung der von den Räten geübten Beschlußpraxis wahr. Die Beschlüsse wurden von den Räten überwiegend nach den von der Verwaltung erstellten Beschluß- oder Verwaltungsvorlagen gefaßt. Diese Beschlußvorlagen, die nicht nur Informationen, sondern überwiegend auch Beschlußempfehlungen der Administration beinhalteten, wurden im Wortlaut übernommen oder bestenfalls marginal durch Empfehlungen der entsprechenden Fachausschüsse verändert. Sie wurden zu vielfach starren und unabänderlichen Trägern der Verwaltungsmeinung, die durch die Ratsbeschlüsse letztendlich vollendete politische Gewalt annahmen. Die Verwaltung war somit als Institution des ersten und meist einzigen fachlichen Zugriffs in der Lage, ihr unerwünscht oder unrealistisch erscheinende Lösungsalternativen schon im Vorfeld durch Nichtaufnahme in die Beschlußvorlage auszugrenzen. Die fachliche Qualifikation der Verwaltung tat ein übriges, um ihr alle Möglichkeiten auch der politischen Richtungsvorgabe bei der Behandlung diverser Problemfelder zu eröffnen.[115]

Fazit: Während die Politik immer weiteren Einfluß innerhalb der Verwaltung für sich geltend machte, schaffte es im Gegenzug die Verwaltung, sich Zugang zur politischen Richtungsweisung zu verschaffen.

2.2.3.5. Parlamentarisierung der Kommunalpolitik

Der Gemeinderat stellt die Vertretung seiner Bürger dar. Die Gemeinde verwaltet ihre Angelegenheiten im Rahmen der Gesetzgebung in eigener Verantwortung.[116]

---

[115] Friedhelm Possemeyer, a.a.O., S.73f; siehe hierzu auch: Maximilian Wallerath, Strukturprobleme kommunaler Selbstverwaltung, in: DÖV 13/86, S.537.
[116] § 1 I 2 NGO.

Der Rat war eigentlich als Verwaltungsorgan konzipiert. Dies entsprach jedoch nicht dem Selbstverständnis seiner Mitglieder. Die Ratsmitglieder sahen sich zumeist als Angehörige eines Ortsparlaments. Ihrem Selbstverständnis nach bestand ihre Aufgabe in der Kontrolle der Verwaltung und der Verabschiedung von "Gesetzen".[117] Beschlüsse gingen immer weiter über den Rahmen des Kommunalen hinaus. Dies zeigte sich u.a. in Beschlußfassungen zu allgemein-politischen Themen, wie etwa zu Fragen der Verteidigungspolitik. Es führte soweit, daß Gemeindegebiete zu "atomwaffenfreien Zonen" erklärt wurden [118] und Gemeinderäte Resolutionen zur Hilfe für Nicaragua und gegen die Apartheid in Südafrika verabschiedeten.[119]

Diese Beschlüsse verdeutlichen, von ihrer Rechtswidrigkeit einmal abgesehen, die Parlamentarisierung der Räte und die Ausweitung ihres Mandates und die damit verbundene zeitliche Einschränkung bei der Wahrnehmung ihrer originären Aufgaben.

Die Parlamentarisierung wie auch die begleitende parteipolitische Polarisierung wurde vielerorts als irreversibel akzeptiert und mit Hinweis gerechtfertigt, daß die Parteien nach dem Grundgesetz an der politischen Willensbildung des Volkes mitwirken[120] und das Grundgesetz eine Volksvertretung für die Gemeinde- und Kreisebene vorschreibe[121].[122]

Fazit: Durch ein falsches Tätigkeitsverständnis in ihren "Parlamenten" erweiterten die Ratsmitglieder ihren Aufgabenbereich bis hin zur rechtswidrigen Beschlußfassung. Dies brachte eine Vernachlässigung ihrer eigentlichen Aufgaben mit sich.

---

[117] Friedhelm Possemeyer, a.a.O., S.64f.

[118] Ulrich Penski, Gemeindliche Zuständigkeit und staatliche Verteidigungspolitik, in: Zeitschrift für Rechtspolitik, 1983, S.161f.

[119] Erwin Schleberger, a.a.O., S.163.

[120] Art. 21 Abs. 1 GG.

[121] Art. 28 Abs. 1 S. 2 GG.

[122] Hans-Uwe Erichsen, a.a.O., S.37.

2.2.3.6. Ehrenamtlichkeit in der Norddeutschen Ratsverfassung

“Die Vertretung des Volkes auf kommunaler Ebene erfordert die Ehrenamtlichkeit des Mandats.“[123] Dies entspricht nach Possemeyers Auffassung der herrschenden Vorstellung von demokratischen Volksvertretungen auf der kommunalen Ebene. Durch dieses ehrenamtliche Mandat wird dem ratsuchenden Bürger die Schwellenangst genommen, da er sich so nicht einem “gesichtslosen Apparat hochspezialisierte Fachleute“ gegenüber sieht. Dem ehrenamtliche Mandatsträger kommt eine Mittlerfunktion zwischen Bürger und Verwaltung zu.[124]

Je fünf Städte mit 70.000 - 400.000 Einwohner in NRW und BW, zweite Hälfte der achtziger Jahre	
Plenarsitzung des Rates	6,4 h
Sitzung der Ratsausschüsse	12,8 h
Fraktionssitzung	10,9 h
Sitzung der Fraktionsarbeitsgruppe	6,5 h
Gespräche mit der Verwaltung	4,8 h
Gespräche und Veranstaltungen mit Bürgern, Interessengruppen und Vereinen	9,5 h
Parteiveranstaltungen	7,3 h
gesamt	58,2 h

Abbildung 6: Monatlicher Zeitaufwand städtischer Ratsmitglieder[125]

Die ehrenamtlichen Ratsmitglieder wurden mit der Zeit durch eine Vielzahl von Aufgaben und Pflichten überlastet. Diese Überlastung resultierte nicht

---

[123] Zitat: Institut für Kommunalwissenschaften der Konrad Adenauer Stiftung, Politik und kommunale Selbstverwaltung, u.a. München 1984, S.2.

[124] Friedhelm Possemeyer, a.a.O., S.58.

[125] Klaus Simon, Repräsentative Demokratie in größeren Städten, Melle 1988, S.29f.

zuletzt aus dem immer stärker werdenden Anwachsen der Ratsvorlagen und Drucksachen.[126]

In den großen, ja selbst noch in den mittelgroßen Städten wendeten die Ratsmitglieder, je nach Umfrage, 20 bis 40 Wochenstunden für die Mandatsarbeit auf. Bei den Funktionsträgern, den Bürgermeistern, Fraktionsvorsitzenden und Vorsitzenden wichtiger Ausschüsse erhöhte sich dieser Zeitansatz um ein wesentliches.[127] Der ehemalige Oberbürgermeister der Stadt Göttingen, *Artur Levi*, bezifferte die Wochenarbeitszeit für sein Amt in einem Zeitungsinterview auf 50 bis 60 Stunden.

Die zeitliche Belastung der Mandatsträger wirkte sich auf die Rekrutierung aus bestimmten Berufsgruppen aus. Der Faktor der "Abkömmlichkeit" vom Beruf spielte immer mehr eine Rolle. Neben den in der kommunalen Politik traditionell überproportional stark vertretenen Selbständigen drang der öffentliche Dienst mit seiner meist besseren beruflichen Abkömmlichkeit immer stärker in die Kommunalparlamente vor.[128]

Die Professionalisierung der Ratsarbeit zog neben der Freistellung von Ratsmitgliedern von beruflichen Tätigkeiten die Beschäftigung von Assistenten, die Fortbildung und eine Spezialisierung nach sich, wobei letztere die zeitliche Belastung durch das Mandat abermals steigerte.[129]

Fazit: Die ansteigende zeitliche Belastung der ehrenamtlichen Mandatsträger führte zur Entfremdung der Mandatsträger vom Bürger.

---

[126] Wolfgang Rudzio, Das politische System der Bundesrepublik Deutschland, a.a.O., S.370.

[127] Jörn Ipsen, Kontinuität oder Reform – Die Gemeindeverfassung auf dem Prüfstand, in: Osnabrücker Rechtswissenschaftliche Abhandlung, Bd.21, Osnabrück 1990, S.22f; siehe auch: Alfred Hüttmann, Freizeit ist ein Fremdwort, in: Kommunalpolitische Blätter 1/1980, S.25ff.

[128] Wolfgang Rudzio, Das politische System der Bundesrepublik Deutschland, a.a.O., S.371.

[129] Hans-Joachim Stargardt, a.a.O., S.127.

2.2.3.7. Auswirkung des Öffentlichkeitsprinzips

Alle Ratssitzungen sollten und sollen nach der NGO öffentlich durchgeführt werden, soweit nicht das öffentliche Wohl oder berechtigte Interessen einzelner den Ausschluß der Öffentlichkeit erforderten.[130] Dieser Grundsatz gehört zu den wesentlichen Verfahrensbestimmungen des Kommunalrechts und hat dieselbe Bedeutung wie ein gerichtliches Verfahren.[131] Die Einwohner sind bei öffentlichen Sitzungen auf die Rolle der Zuhörer beschränkt. Hintergrund dieser Öffentlichen Sitzung ist es, den Einwohnern zu ermöglichen, sich ohne besonderen Aufwand aus eigener Anschauung ein Bild von der Arbeit ihrer Vertretung zu machen. Eine aktive Teilnahme widerspricht dem Prinzip der repräsentativen Demokratie.[132]
Dieses Öffentlichkeitsprinzip ist entsprechend für die Fachausschüsse des Rates anzuwenden.[133] Die Intention dieser Bestimmung war es, die Bürgern am Entstehungsprozeß der Entscheidungen in den überwiegenden Ausschüssen beobachtend partizipieren zu lassen.[134]
Die Sitzungen des Verwaltungsausschusses stellten die Ausnahme dar. Sie waren nichtöffentlich. Der Verwaltungsausschuß setzte sich aus dem Bürgermeister, einer kleinen Zahl von Ratsmitgliedern sowie dem Leiter der Verwaltung, der nur eine beratende Stimme hatte[135], zusammen. Dieser als "kleiner Rat" bezeichnete Verwaltungsausschuß entschied eine Reihe von Angelegenheiten endgültig und bereitete sämtliche Beschlüsse des Rates vor.[136] Die Hauptsatzung konnte aber jeden Abgeordneten zur Teilnahme

---

[130] § 45 Satz 1 NGO / § 41 Abs. 1 Satz 1 NLO.
[131] Robert Thiele, ABC des kommunalen Verfassungsrechts in Niedersachsen, Hannover 1987, S.61.
[132] Ebd., S.17.
[133] § 52 Abs. 1 Satz 1 NGO / § 47 a Abs. 1 Satz 1 NLO.
[134] Friedhelm Possemeyer, a.a.O., S.133.
[135] Hans-Joachim Stargardt, a.a.O., S.123.
[136] Franz-Ludwig Knemeyer, a.a.O., S.84f.

als Zuhörer berechtigen.[137] Andere Zuhörer dürften nicht zugelassen werden.[138]
Mit der Einführung des Öffentlichkeitsprinzips verlagerte sich der Entscheidungsfindungsprozeß in die geschlossenen Fraktionszimmer und in informelle, normativ nicht zu fassenden Zirkel. In den Ausschüssen wurden wie vordem im Rat nur noch Beratungsergebnisse vorgestellt und höchstens noch durch Reden öffentlich dafür geworben. Es kam sogar vor, daß in den öffentlich tagenden Ausschüssen populäre Empfehlungen im Sinne der Bürger getroffen wurden, die dann später in nichtöffentlicher Sitzung des Verwaltungsausschusses revidiert wurden.[139] Durch die Öffentlichkeit der Sitzungen wurde die parteipolitische Polarisierung, so wie sie auch den "großen" Parlamentsbetrieb charakterisiert, begünstigt.

Fazit: Das Öffentlichkeitsprinzip, das als Element der kommunalen Demokratie eingeführt wurde, wirkte sich durch die Ausdehnung auf die Fachausschüsse sowie durch die mit den Jahren fortschreitende parteipolitische Polarisierung eher negativ auf die Transparenz des kommunalpolitischen Geschehens aus.

2.2.3.8. Auswirkungen des Minderheitenschutzes

In vielen Fällen enthalten die Geschäftsordnungen niedersächsischer Gemeinden Bestimmungen über Bürgeranfragen oder Bürgerfragestunden. Eine gesetzliche Regelung hierfür liegt nicht vor. Die NGO schreibt dem Verwaltungsausschuß lediglich vor, die Bürger in geeigneter Weise über wichtige Angelegenheiten der Gemeinde zu informieren.[140] Zu diesem

---

[137] § 59 Abs. 2 NGO / § 53 Abs. 2 NLO.
[138] Robert Thiele, ABC des kommunalen Verfassungsrechts in Niedersachsen, a.a.O., S.61f.
[139] Ebd., S.133f.
[140] § 57 Abs. 5 NGO.

Zweck soll der Verwaltungsausschuß Bürgerversammlungen durchführen. Auf solchen Versammlungen können die Bürger auch Fragen stellen.[141]
Mit der Einführung von zusätzlichen Formen der Bürgerbeteiligung, so z.B. Fragestunden oder Bürgerversammlungen, konnten sich Minderheiteninteressen stärker Geltung verschaffen und die Entscheidungsprozesse komplizieren.[142] Der damit einhergehende Aufwand belastete das Zeitkonto für die übrigen Aufgaben.

Fazit: Mit einer gezielten Steuerung können Minderheiten die Räte übermäßig beeinflussen.

2.2.3.9. Zusammenfassung

Die Praxis der Niedersächsischen Kommunalverfassung hatte sich in den Jahrzehnten vor der Reform von der Norm erheblich entfernt.
Bei der ersten Betrachtung der Verwaltung und des Rates sowie ihrer Spitzen, dem Hauptverwaltungsbeamten und dem Bürgermeister, erkennt man, daß sie in ein enges durch die Parteien verknüpftes Netz eingebunden waren. Jeder Akteur mußte bei seinen Handlungen die Auswirkungen auf andere in seinem Umkreis befindlichen Personen oder Gruppen berücksichtigen. Die Akteure mußten vor jedem Schritt ihre Position neu ausloten. Für Außenstehende schien es nahezu unmöglich, das Verhältnis zwischen Verwaltung und Rat sowie ihren Spitzen anhand der Gemeindeverfassung und ihrer Institutionen zu bestimmen und zu nutzen.[143]

---

[141] Robert Thiele, Niedersächsische Gemeindeordnung, Hannover 1994, S.16f.
[142] Hans-Uwe Erichsen, a.a.O., S.37.
[143] Guido Freis, a.a.O., S.59.

3. POLICY CYCLE DER REFORM DER KOMMUNALVERFASSUNG

In der wissenschaftlichen Diskussion werden verschiedene Modelle des Policy Cycle angewendet. Eine Beschreibung an dieser Stelle erscheint als wenig sinnvoll. Diese Übersicht begnügt sich vielmehr damit, einige grobe Schritte herauszuarbeiten, die allen Modellen zugrunde liegen und nach denen im Folgenden verfahren werden soll.

Die Entstehung einer Policy beginnt mit dem Schritt der *Initiation* (Politikinitiierung). Die Untersuchung fragt danach, in welchem Zusammenhang die Idee entsteht. Dieser erste Gedanke kann von einer Interessengruppe oder aber auch aus der Wirtschaft kommen. In der Regel ist hier bereits die politische Verwaltung involviert. Ebenso können Parteien und Parlamente zum Zuge kommen.

Der zweite Schritt wird als *Estimation* (Politikformulierung) bezeichnet. Aus einer Initiation entwickelt sich eine politische Diskussion, die zunächst auf den Rahmen einer Partei oder eines Ministeriums beschränkt sein kann. Sie verstärkt sich aber soweit, daß politische Beamte oder Politiker jetzt konkrete Vorstellungen entwickeln, wie eine künftige Policy in dem betreffenden Bereich geraten müßte. Es werden Optionen und Handlungsmöglichkeiten erarbeitet. Ihnen folgen zwei oder drei Lösungsmodelle, zwischen denen die politischen Instanzen auswählen.

In der *Selektion* werden die Stellungnahmen und Vorschläge der beteiligten Akteure auf ihre Interessenbindungen hin befragt. Hier wird schon ein gewisser Aufschluß über das spätere Schicksal einer Policy, über ihre Bewährung in der Praxis oder ihren wahrscheinlichen Korrekturbedarf gewonnen. Zum Abschluß wählt die Politik eine Option als verbindliches staatliches Handeln aus.

Der bis hierhin beschriebene Prozeß, der im folgenden Teil der Untersuchung so seine Anwendung findet, erfaßt die Input-Komponenten bei der Entstehung von Policies. In der Analyse des Policy Cycle schließen sich daran die Untersuchung der *Implementierung* (die Anwendung), der *Evaluation* (rückblickende Bewertung der Policy) sowie der *Terminierung*

(Beendigung der Policy) an. Da diese Schritte in NdS noch nicht vollständig vollzogen worden sind, können sie zum jetzigen Zeitpunkt noch nicht betrachtet werden.

3.1. INITIATION

Die Policy "Kommunalverfassungsreform" in NdS soll nun, wie es Freis am NRW-Beispiel dargestellt hat, in den Stationen des Politikzyklus dargestellt werden.[144] Vor der entscheidenden Initiationsphase der Reform der NKV sollen kurz frühere Reformen sowie Reformversuche skizziert werden.

3.1.1. Reformen sowie Reformversuche

3.1.1.1. Die Jahre 1945 – 51

Wie oben dargelegt, hat die NKV ihre Wurzeln in der britischen Kommunalverfassung, die von der britischen Besatzungsmacht zugeordnet wurde. Von Beginn an tendierte die von der britischen Besatzungsmacht eingesetzte niedersächsische Regierung unter Leitung des Sozialdemokraten *Kopf* zu einer Revision des Besatzungsrechts.[145] Nach den ersten Landtagswahlen 1947 bildete sich die Regierung aus einer breiten Koalition von SPD, CDU und Zentrum unter Führung des Ministerpräsidenten *Kopf*. Im Gegensatz zu seinem Ministerpräsidenten stand der Innenminister *Borowski* (SPD) loyal zum britischen Modell. Dieser Unterschied wurzelte sicherlich auch in ihrer politischen Vergangenheit. War Kopf früher hauptamtlicher Landrat, so war *Borowski* 1945/46 ehrenamtlicher Landrat gewesen. Kopf konnte sich in dieser Frage aber auf die offizielle Linie der SPD be-

---

[144] Guido Freis, a.a.O., S.113.

[145] Wolfgang Rudzio, Die Neuordnung des Kommunalwesens in der Britischen Zone, a.a.O., S.174.

rufen.[146] Weitere Unterstützung für seine Auffassung erhielt *Kopf* von der gleichgerichteten Meinberger Empfehlung der SPD-Innenminister der britischen Zone.[147]

Im Gegensatz zur CDU in den anderen Ländern der britischen Zone waren die niedersächsischen Christdemokraten für eine Rückkehr zur Magistratsverfassung, so daß es dem Anschein bereits 1948 nach zu einer Revision auf der Basis eines breiten Konsens hätte kommen können.[148] Sie scheiterte in der SPD - Landtagsfraktion. Dort war die "*Fraktion der Oberbürgermeister und Landräte*"[149] besonders stark vertreten. Nicht zuletzt um ihre Titel zu sichern, setzte sich diese "Fraktion in der Fraktion" gegen *Kopf* durch.

Nicht nur in der SPD, auch in den anderen Parteien war diese Mandatsträgergruppe gut vertreten. Diese "*parteiübergreifende Fraktion*" war mit einem Gesamtanteil von 41,8 % im Landtag eine große Lobby in eigener Sache.

---

[146] Der Parteivorstand der SPD hatte nach einer Sitzung am 29.Mai 1948 in Springe ein Papier „*SPD und Gemeindeverfassung*" verabschiedet, in dem es u.a. hieß: „*Das deutsche Gemeindeverfassungsrecht ist in der Nachkriegszeit aufgrund der Uneinheitlichkeit der Politik der Besatzungsmächte stark zersplittert worden. Nachdem die Gesetzgebung für diese Materie nunmehr auf die deutschen Länder übergegangen ist, liegt es im Interesse des deutschen Volkes, weitgehend einheitlich gefaßte Gemeindeverfassungsgesetze zu erlassen, wenigstens aber die Grundzüge des Gemeindeverfassungsrechts in allen deutschen Ländern einheitlich zu regeln.*"
Der Aufbau der angedachten Kommunalverfassung sah ein kollegiales Verwaltungsorgan von Wahlbeamten unter Vorsitz des Bürgermeisters vor. Die süddeutschen Ratsverfassung wurde als "gleichwertig" gegenüber dieser Kollegialverfassung bezeichnet.

[147] Wolfgang Rudzio, Die Neuordnung des Kommunalwesens in der Britischen Zone, a.a.O., S.177.

[148] Ebd., S.177.

[149] Ebd., S.166.

PARTEI	SITZE	ÄMTER	ANTEIL
SPD	64	31	48,4 %
CDU	30	5	16,7 %
DP	28	15	53,6 %
FDP	13	6	46,2 %
Zentrum	6	2	33,3 %
Gesamt	**141**	**59**	**41,8 %**

Abbildung 7: Bürgermeister, Landräte und stellvertretende Landräte im Landtag[150]

Dank der starken Position dieser "Fraktion" konnte es sich der Innenminister sogar leisten, am 15.März 1950 einen Entwurf vorzulegen, der im offenen Gegensatz zur Linie seines Ministerpräsidenten stand. Dieser Entwurf distanzierte sich klar von der Tradition der deutschen Kommunalverfassung.[151] Diesen Bruch hob ein Schreiben vom 18.August 1951 an die kommunalen Spitzenverbände ausdrücklich hervor.[152]

Borowski forderte einen "schwachen" Hauptverwaltungsbeamten und einen starken Rat. Der Gemeindedirektor sollte nur als Berater und Vertrauensperson des Gemeinderates dienen. Die Ratsmitglieder sollten "wirkliche Träger der Gemeindeverwaltung", auch bei den laufenden Geschäften, werden.[153]

Borowskis Gesetzentwurf zur Kommunalverfassung kam der vollständigen Abkehr von der DGO gleich:

---

150 Ebd., S.166.

151 Gert Hoffmann, a.a.O., S.61.

152 Zitat aus dem Schreiben, das bei der Stadtverwaltung Gifhorn vorliegt:„Auch wenn man von der deutschen Gemeindeordnung von 1935 absieht, die (bei durchaus gelungenen Formulierungen in Einzelfragen) im ganzen der typische Ausdruck eines undemokratischen autoritären politischen Systems ist, haben alle bisherigen Gemeindeordnungen der deutschen Länder eine wirkliche Selbstverwaltung der Gemeindebürger durch ihre gewählten Vertreter nicht verwirklicht."

153 Gert Hoffmann, a.a.O., S.62.

- der Rat sollte die Verwaltung selbst besorgen und über alle Gemeindeangelegenheiten entscheiden;
- das Entscheidungsrecht des Rates sollte auf Ausschüsse übertragbar sein;
- diese Ausschüsse sollten von Fachbeamten beraten werden;
- zur Koordinierung der Ausschüsse sollte die Einführung eines mit einem hauptamtlichen Verwaltungsbeamten versehenen Hauptausschusses erfolgen;
- um Verwechslungen mit anderen Kommunalverfassungen vorzubeugen, sollte die Bezeichnung "*Bürgermeister*" durch "*Erster Ratsherr*" ersetzt werden.

Obgleich dieser Gesetzentwurf sehr kurzlebig war, zeigte er doch den Willen, eine deutliche Gegenposition zur traditionellen DGO zu beziehen.[154]
Bereits zwölf Tage später, am 30.August 1951, lag die Stellungnahme des Niedersächsischen Städtetages an das Innenministerium vor. Unter anderem wurde darin die Befürchtung laut, daß es durch das Zurückdrängen der leitenden Verwaltungsbeamten und als Folge des überzogenen Ausschußsystems zu einer Lähmung und letztendlich einer Zerstörung jeder effektiv arbeitenden Gemeindeverwaltung kommen würde. Des weiteren wurde behauptet, daß nur ältere Menschen und solche ohne regelmäßige Berufstätigkeit ein Ehrenamt in der Gemeinde antreten könnten, da allein sie Zeit für eine solche aufwendige Tätigkeit aufbringen könnten.
Mit seinem kaum durchsetzbaren Gesetzentwurf erreichte *Borowski* die Solidarisierung der ehrenamtlichen Bürgermeister mit den Hauptverwaltungsbeamten. Vor allem seine radikale Kritik an der deutschen kommunalen Selbstverwaltung brachte diese Liaison zustande. Beim wichtigsten Punkt, nämlich der Zweigleisigkeit, widersprach der Städtetag nicht.[155]

---

[154] Wolfgang Rudzio, Die Neuordnung des Kommunalwesens in der Britischen Zone, a.a.O., S.179.
[155] Gert Hoffmann, a.a.O., S.65.

Resultierend aus der starken Kritik an seinem Entwurf verfaßte *Borowski* neue "*Leitsätze für eine niedersächsische Gemeindeordnung*", die er im Oktober 1951 erneut den Spitzenverbänden zustellte. Der Hauptausschuß, zusammengesetzt aus ehrenamtlichen Politikern, sollte nun das eigentliche Verwaltungsorgan sein. Ihm sollte der Hauptverwaltungsbeamte als Mitglied angehören. Dies stellte eine völlige Abkehr vom Vorbild des englischen Local Gouvernement dar. Der Hauptverwaltungsbeamte sollte nun auch die laufenden Geschäfte der Verwaltung führen und Dienstvorgesetzter aller Gemeindebediensteten sein. Die Entscheidung, wer den Titel Bürgermeister tragen dürfe, sollte der Landtag treffen.
Mit diesem Einlenken weichte *Borowski* die Front seiner Gegner auf, fand aber immer noch nicht die nötige breite Zustimmung. Der Ministerpräsident setzte sich im Kabinett letztlich mit der Rückkehr zum traditionellen System durch.[156] Die Presse mutmaßte schon über das Ende der Zweigleisigkeit.[157] Die nun anscheinend klare Meinung der Regierung mündete in eine - an keinem anderen Bundesland bekannte - jahrelange Diskussion, die erst 1955 zum Abschluß kam.

Fazit: Bereits kurz nach dem Inkrafttreten der NGO stand diese schon wieder zur Diskussion. Zu Beginn der 50er Jahre schien die Zweigleisigkeit an der Kommunalspitze nach dem britischen Modell kurz vor ihrem Ende zu stehen.

3.1.1.2. Die Jahre 1952 - 55

Im Jahre 1952 ergab sich eine ganz besonders ungewöhnliche Situation. Um eine baldige Entscheidung bemüht, stellten nicht nur die Landesregierung und die Opposition, sondern auch die Koalitionsfraktionen Gesetzesentwürfe vor.

---

[156] Ebd., S.66f.
[157] Die Welt vom 03.11.1951.

Der von der Regierung am 14.Januar 1952 vorgelegte Entwurf[158] war im großen und ganzen von der "traditionalistischen" Auffassungen geprägt. In ihm wurde dem hauptamtlichen Element eine stärkere Rolle zugewiesen. Dieser Regierungsentwurf fußte de facto auf der System der (unechten) Magistratsverfassung.[159]

Ein am 16.Januar 1952 von den Regierungsfraktionen eingebrachter Gesetzesentwurf[160] minderte das politische Gewicht des Vorschlags der Regierung herab. In diesem Entwurf spiegelten sich die Ideen von *Borowski* wider, die er als Kompromißlösung im Oktober 1951 durch sein Innenministerium hatte erstellen lassen. Im Gegensatz zum Kabinett hatte *Borowski* in der SPD an Unterstützung gewonnen, in persona war dies der spätere niedersächsische Ministerpräsident *Diederich*.[161]

Der dritte Entwurf[162], vorgelegt von der Deutschen Partei (DP) und der CDU, knüpfte an die unechte Magistratsverfassung an und schuf daher die Grundlagen für die bis dato praktizierten Regelungen. Er sah aber keine für alle Gemeinden, Städte und Kreise gleichlautende Kommunalverfassung vor, da sich vor allem in der DP eine starke Tendenz zur Beibehaltung der ehrenamtlichen Landräte zeigte.

Die Sozialistische Reichspartei (SRP) forderte in einem vierten Gesetzesentwurf die echte Magistratsverfassung, wünschte aber zusätzlich die Direktwahl des Bürgermeisters.[163]

Die FDP tendierte ebenfalls zur Magistratsverfassung.[164]

Die komplizierte Situation wurde bei genauerer Betrachtung der jeweiligen Befürworter oder Gegner in den parlamentarischen Beratungen noch un-

---

158 NSL, Drs 2/323, 14.01.1952.

159 Gert Hoffmann, a.a.O., S. 68ff.

160 NSL, Drs 2/338, 16.01.1952.

161 Wolfgang Rudzio, Die Neuordnung des Kommunalwesens in der Britischen Zone, a.a.O., S.182.

162 NSL, Drs 2/344, 25.01.1952.

163 NSL, Drs 2/390, 26.02.1952.

164 Wolfgang Rudzio, Die Neuordnung des Kommunalwesens in der Britischen Zone, a.a.O., S.183.

durchschaubarer. Im Gegensatz zum heute häufig auftretenden Fraktionszwang stellte sich seinerzeit heraus, daß keineswegs alle Mitglieder der jeweiligen Fraktionen[165] und noch nicht einmal alle Regierungsmitglieder die Gesetzentwürfe aus den eigenen Reihen unterstützten.[166]
Bereits vor Beginn der Landtagsdebatte nahm der Block der Heimatvertriebenen und Entrechteten (BHE) Abstand vom Koalitionsentwurf[167], der den Vorstellungen dieser Partei ohnehin nicht entsprach.[168] Sehr deutlich wurden diese Meinungsverschiedenheiten innerhalb aller Fraktionen bei der ersten Lesung der Gesetzentwürfe am 23.Januar 1952. Es wurden alle, auch in der Zukunft wieder auftretenden Positionen in Bezug auf die NdS Kommunalverfassungsdebatte artikuliert. In der Debatte wurde klar, daß mittlerweile alle Fraktionen ein rein britisches System ablehnten.[169]
Nach der doch sehr differenzierten Debatte begann eine nicht weniger engagierte Diskussion in den Kommunen und Parteien.
Zunächst fand der Regierungsentwurf in den kommunalen Spitzenverbänden breite Unterstützung.[170] Die parteipolitische Meinungsbildung entwikkelte sich dann aber gegenläufig. Die SPD sprach sich klar gegen eine

---

[165] Nach dem Ende des II. Weltkrieges fand eine Neuformierung des Parteiensystems statt. Zunächst wurden von den Besatzungsmächten nur vier Parteien (KPD, SPD, CDU/CSU und FDP) zugelassen, die als Staatsgründer fungierten. In den westlichen Besatzungszonen kam es anschließend zur Gründung weiterer Parteien, die wiederum zum Teil in den 50` und 60`Jahre in die großen Parteien aufgingen. Das gesamte Parteiengefüge war demzufolge zum damaligen Zeitpunkt noch im Fluß, die Politiker unterlagen noch nicht dem starren Diktat ihrer Parteien.

[166] Gerhard Hoffmann, a.a.O., S.75.

[167] Wolfgang Rudzio, Die Neuordnung des Kommunalwesens in der Britischen Zone, a.a.O., S.183.

[168] Ebd., S.179.

[169] Gerd Hoffmann, a.a.O., S.76.

[170] Wolfgang Rudzio, Die Neuordnung des Kommunalwesens in der Britischen Zone, a.a.O., S.183.

Magistratsverfassung aus, die DP entschied sich auf ihrem Landesparteitag 1952 in Stade einstimmig für die Ratsverfassung.[171]
Nach diesen Meinungsäußerungen war klar, daß ein ausschließlich auf die Ratsverfassung bezogener Gesetzentwurf in den Lesungen gute Erfolgsaussichten hätte. Das Ergebnis war der revidierte Entwurf einer um den Verwaltungsausschuß ergänzten Ratsverfassung. In den Lesungen des Gesetzentwurfes wurde das komplizierte politische Meinungsbild abermals deutlich.[172] Bis in die Dritte Lesung am 10.Februar 1955 versuchten einige Parteien, eine Sonderregelung für die kreisfreien Städte durchzusetzen. Diesen Vorstoß führte die BHE an. Er forderte die Magistratsverfassung für die kreisfreien Städte. Diese Idee setzte sich nicht durch. Letztendlich wurde die neue NGO in freier Abstimmung, d.h. ohne Fraktionsdisziplin mit großer Mehrheit verabschiedet.[173]

Fazit: Im Jahre 1955 wuchs aus dem britischen Modell, das zum damaligen Zeitpunkt von allen Fraktionen abgelehnt wurde, die neue NGO mit der Ergänzung um den Verwaltungsausschuß. Andere darüber hinaus gehende Ideen konnten sich nicht durchsetzen.

3.1.1.3. Ab dem Jahre 1955

Gleich nach Einführung der NGO begann schon die Kritik. Dieses Gesetzeswerk war auf Basis eines Parteienentwurfes und nicht auf der Grundlage eines durch Fachbeamte erstellten Regierungsentwurfs entstanden. Deshalb enthielt es strukturelle Mängel und rechtssystematische Fehler. Ein Problem war die Stellung des Verwaltungsausschusses. Es stellte sich die Frage, ob dieser als ein "Hauptausschuß" des Rates zur Übernahme der bei einer konsequenten Ratsverfassung für eine eigentlich dem Rat zuste-

---

[171] Ebd., S.184.
[172] Gert Hoffmann, a.a.O., S.86ff.
[173] Ebd., S.95.

hende Verwaltungsleitungsfunktion oder eher als eine Art "Gemeindevorstand" bzw. "Magistratsersatz" konzipiert worden war.[174]
Diese Unklarheit hatte ihre Ursache nicht zuletzt im Versuch, es allen Fraktionen recht zu machen. Der wichtigste Grund für das Zusammenhalten der ungleichen Gesetzgebungskoalition in Bezug auf die neue NGO war zweifelsohne die Titelfrage, d.h. die Frage nach der Amtsbezeichnung "Bürgermeister". Die neue NGO hatte sich aber weit von ihrem britischen Vorbild entfernt.[175]
Die in den folgenden Jahren geübte Kritik manifestierte sich nicht ausschließlich an der NGO, sondern galt ebenso der GO von NRW. Sowohl in den Kommunen als auch in der Rechtswissenschaft wurden beide KV überwiegend kritisch aufgenommen.[176] Das entscheidende Element und zugleich den Hauptangriffspunkt bildete die Zweigleisigkeit beider Kommunalverfassungen.
Bereits nach zweijähriger Erfahrung mit der KV von NRW zog die kommunalpolitische Vereinigung der CDU Nordrhein-Westfalens 1955 eine differenzierte Bilanz.[177]
Die Befürworter der neuen GO hätten sich vorwiegend aus der Fraktion der ehrenamtlichen Bürgermeister und Landräte rekrutiert, die Kritiker seien aus den Reihen der Hauptverwaltungsbeamten gekommen.
Auffällig war schon zum damaligen Zeitpunkt die unterschiedliche Umsetzung der im wesentlichen gleichen GO innerhalb NRWs. Die Bedeutung des Bürgermeisters und des Gemeindedirektors wies schon damals im Vergleich unterschiedlicher Gemeinden erhebliche Differenzen auf. Durch die stetige Ausweitung der kommunalen Aufgaben und die damit einhergehenden höheren zeitlichen sowie materiellen Belastungen wurde es für Hono-

---

174 Gotthard Rattay, Zur Niedersächsischen Gemeindeordnung, in: Staats- und Kommunalverwaltung, 1955, S.47ff.
175 Werner Weber, Die Niedersächsische Gemeindeordnung, in: Deutsches Verwaltungsblatt, 1955, S.613.
176 Gert Hoffmann, a.a.O., S.110.
177 Hans Peters, Zwei Jahre Gemeindeordnung in NRW, in: kommunalpolitische Blätter 1955, S.65.

ratioren immer schwieriger, eine Mitgliedschaft im Rat, geschweige denn das Amt des Bürgermeisters zu bekleiden.
Es kam bereits zwei Jahre nach Einführung der neuen GO in NRW zum Klärungsbedarf über die Zuständigkeit von Rat und Verwaltungsspitze seitens der Beamtenschaft und stärker noch von Seiten der Bürger.[178] Die durch die GO festgelegte Rechtsgrundlage war bereits durch die Fortentwicklung in der kommunalen Praxis aufgeweicht worden.
In NdS stand *Werner Weber*, stellvertretend für die Kommunalwissenschaft, der NGO kritisch gegenüber.[179] Bereits 1959 griff Weber den im Niedersächsischen Landtag schon einmal knapp gescheiterten Vorschlag der Differenzierung zwischen der städtischen und ländlichen Gemeinde auf.[180] In der Praxis war nach seiner Meinung für die dörfliche Gemeinde das Ratssystem praktikabler. Die in diesen Gemeinden anfallenden einfachen kommunalen Aufgaben wären auch gut von ehrenamtlichen Würdenträgern zu bewältigen gewesen. Die schon in der NRW GO aufgetretenen Probleme hätten sich durch den Verwaltungsausschuß in NdS potenziert. Die falsch bewertende Amtsbezeichnung "Bürgermeister" hätte ein weiteres dazu beigetragen. Auch *Weber* kam zum Schluß, daß, wie in NRW, so auch in NdS die Rechtssicherheit über die Zuständigkeitsabgrenzung fehlte.[181] Weber sprach sich klar für die Rückkehr zur überlieferten organisatorischen Grundkonzeption des deutschen Kommunalverfassungsrechts aus.[182]
Für eine Korrektur der NGO setzte sich die CDU, die mit ihrer Auffassung 1955 unterlegen war, weiterhin ein. Durch ihre Oppositionsrolle im Landtag blieb ihr Gewicht in dieser Diskussion gering. Am 23.Januar 1961 brachte die CDU Fraktion einen Gesetzentwurf im NdS Landtag ein[183], in

---

[178] Ebd., S.99.
[179] Werner Weber, Die ungelöste Problematik der Gemeindeverfassung, in: DÖV 17/59, S.641ff.
[180] Ebd., S.642.
[181] Ebd., S.646.
[182] Ebd., S.647.
[183] NSL, Drs 4/484, 23.Januar 1961.

dem sie von der von ihr bis dato favorisierten Magistratsverfassung abrückte und sich auf eine Angleichung der NGO an die süddeutsche Gemeindeverfassung zubewegte.[184]
Den Gemeindevorstand sollte der Bürgermeister als Vorsitzender des Rates und der Verwaltung bilden. Im Laufe der Diskussion wurde auch die in NdS bis dahin kaum propagierte Direktwahl des Verwaltungschefs thematisiert. Ein direkt gewählter Amtsinhaber ließ sich zwangsläufig nicht mehr mit dem Beamtentypus vereinbaren, den die Briten und die Landtagsmehrheit 1955 an der Spitze der Gemeindeverwaltung hatten sehen wollte.
Als Grund für ihren Vorschlag führte die CDU-Fraktion u.a. folgende Punkte an:

- Für den Bürgermeister sei es unzumutbar, ohne den Einblick in die Akten sowie ohne Einfluß auf die Gemeindeverwaltung zu repräsentieren und Unterschriften zu leisten.
- Die Vorstellung, der Verwaltungschef sei die unpolitische Spitze einer unpolitischen Verwaltung, treffe nicht zu.
- Durch die Konstellation zweier mit unterschiedlichen Machtbefugnissen ausgestatteten Führungskräften sei das komplizierte zweigleisige System noch unübersichtlicher geworden.[185]

Auf Kritik stieß der Vorschlag einer Direktwahl bei der Wirtschaft und den kommunalen Spitzenverbänden. Der Niedersächsische Städtebund bewertete die angestrebte Beseitigung der Zweigleisigkeit zwar positiv, beurteilte den Vorschlag der Urwahl aber skeptisch.[186]
Die Ablehnung der Urwahl war selbst bei den meisten Hauptverwaltungsbeamten und den Verbänden größer als die Abneigung der Zweigleisigkeit.[187]
Diese Reaktionen zeigten, daß trotz der Schwierigkeiten mit der praktizierten NGO schon ein Gewöhnungsprozeß eingetreten war. Die überwie-

---

[184] Gert Hoffmann, a.a.O., S.115.
[185] NSL, Drs 4/484, 23.01.1961, S.2517ff.
[186] Eilnachricht des Niedersächsischen Städtebundes 1/61, 30.01.1961.
[187] Gert Hoffmann, a.a.O., S.118.

gende Mehrheit der Kritiker wollte nur noch eine Verbesserung des vorhandenen Systems erwirken, aber nicht mehr dessen Abschaffung. Der Gesetzentwurf der CDU konnte sich letztendlich nicht durchsetzen, brachte aber neue Elemente, Akzentverschiebungen und Positionswechsel in die kommunalpolitische Debatte ein.

Bereits ein Jahr später schob die Regierung *Diedrichs* (SPD) einen eigenen Gesetzesentwurf zur Reform der NGO nach. Die SPD-Regierung hatte erkannt, daß der Verwaltungsrat als Gremium ehrenamtlicher Politiker mit der Verwaltungsführung der Gemeinde und "ihrer Vertretung nach außen" überfordert war. Ziel dieser Vorlage war es daher, die faktische Vertretung der Gemeinde nach außen durch den Gemeindedirektor zu legalisieren. Dieser Gesetzesentwurf der Regierung hatte die volle Unterstützung ihrer Fraktion. Er nahm endgültig Abschied vom englischen System der "Ausschußverwaltung" und seinem Bild des lediglich "zuarbeitenden" Hauptgemeindebeamten. Die NGO-Novelle wurde am 21.März 1963 vom Landtag beschlossen.[188]

Dieser Versuch einer Totalrevision der NKV, der von der CDU initiiert worden war, hatte letztlich doch nur eine verhältnismäßig kleine Veränderung gebracht. Er war bis zur Kommunalverfassungsreform 1996 der vorerst letzte Reformschritt, zu dem sich der im Niedersächsische Landtag durchringen konnte.

Fazit: Bis zum Jahre 1963 wurden die vorerst letzten großen Umgestaltungsversuche der NGO durch den Niedersächsischen Landtag vorgenommen. Weder Idee der Urwahl noch die der Eingleisigkeit an der Gemeindespitze konnten sich durchsetzen.

---

[188] Ebd., S.120f.

3.1.1.4. Positionsrevision der CDU

Erst zehn Jahre später, auf einem Parteitag der niedersächsischen CDU in Bad Lauterberg im Jahre 1973, unternahmen die Gegner der NKV den nächsten Vorstoß.
Der Vorstand sowie einige Untergliederungen der Partei erneuerten die Initiative von 1961. Im Unterschied zu früheren Parteitagen waren die CDU-Vorsitzenden der Räte und Kreistage dieses Mal stark und engagiert genug, um eine kommunalpolitischen Aussage gegen die Zweigleisigkeit im sog. "Lauterberger Programm" zu verhindern. Die Mehrheit der Delegierten lehnte die geforderte Änderung der NGO ab. Der Versuch einer Änderung der NGO kam somit nicht einmal mehr in der parteiinternen Debatte besonders weit. Von nun an gab es bis 1993 keine Partei oder Organisation mehr, die auf eine Änderung der NKV drängte.[189]

3.1.2. Die Reform 1995

Der Niedersächsische Landtag entschloß sich im Oktober 1990, eine Enquete-Kommission zur Überprüfung der Reformbedürftigkeit der NKV einzusetzen. Vor der Landtagswahl 1994 forderten die Vorsitzenden der CDU, *Christian Wulff*, sowie der SPD, *Johann Bruns*, die Eingleisigkeit mit der Direktwahl der Bürgermeister/Landräte. Diese Forderung kann man als Initialzündung für die dann ein Jahr später folgende Revision der NKV betrachten.
Vor dem Hintergrund dieser kurzen Zeitspanne erübrigt sich die chronologische Darstellung des Reformverlaufs. Die Initiation des Reformprozesses stellt sich damit – verglichen mit den langen und komplizierten Vorgängen bei der Reform der KV-NRW – gleichsam als Augenblicksereignis dar, das zudem den Konsens der stärksten politischen Kräfte in NdS offenbarte. Deshalb sollen im folgenden Stellungnahmen nichtgouvernemen-

---

[189] Ebd., S.126.

taler Akteure im Vorfeld der politischen Entscheidung vorgestellt werden, bevor diese dann selbst ins Auge gefaßt wird.

3.2.ESTIMATION

3.2.1.Estimation der Fachwelt

Eine Kommunalverfassung sollte nicht Selbstzweck sein, sondern ihren Bürgern dienen. Das Ziel einer KV ist in jedem Fall vorgegeben: die Stärkung des Gemeinwohls. Eine KV muß dementsprechend so konzipiert sein, daß der größtmögliche Nutzen für den Bürger durch das Zusammenspiel von Rat und Verwaltung erzielt wird.[190]
Die Schwierigkeit bei der Konstruktion politischer Institutionen besteht darin, daß die Probleme im Detail liegen und nicht auf den ersten Blick erkennbar sind.[191] Die Verflechtung von "Vorbereitung – Entscheidung - Vollzug" ist laut *Ellwein* in der öffentlichen Verwaltung so stark, daß sich eine Betrachtung nach diesen Kriterien als sehr schwierig darstellt.[192]
Die eindeutige Trennung zwischen Verwaltung und Wissenschaft stellt sich bei der Skizzierung der Positionen in der Reformdebatte als besonders schwierig dar, weil viele hohe Verwaltungsbeamte gleichzeitig als Lehrbe-

---

[190] Gerhard Banner, Vor- und Nachteile der Gemeindeordnung in der Bundesrepublik Deutschland, a.a.O., S.26ff.
[191] Guido Freis, a.a.O., S. 122.
[192] Thomas Ellwein, Gesetzes- und Verwaltungsvereinfachung: Auch eine kommunale Aufgabe? In: Joachim Jens Hesse (Hrsg.), Erneuerung der Politik "von unten"? Stadtpolitik und kommunale Selbstverwaltung im Umbruch, Opladen 1986, S. 194f.

auftragte an Universitäten und Fachhochschulen tätig sind (*Hillmann*[193], *Saipa*[194], u.a.).

3.2.1.1. Estimation der Verwaltung

Die Verwaltung setzte den Schwerpunkt der Diskussion um die Kommunalverfassungsreform auf die Zweigleisigkeit. Die stärksten Kritiker der Zweigleisigkeit schien es daher auf der Seite der hauptamtlichen Gemeindevertreter zu geben.[195] *Saipa* sah in dieser Diskussion *"aber nur eines von etlichen Themen der notwendigen Reform"*.[196] Die Zweigleisigkeit galt allgemein sowohl wissenschaftlich als auch praktisch[197] als das Hauptproblem der Norddeutschen Ratsverfassung.[198]
In der Diskussion um die Zweigleisigkeit wurden immer wieder die Reibungsverluste an der Spitze hervorgehoben. Die Fehlentwicklung der ursprünglichen Idee der Zweigleisigkeit könnte sich aus der Verletzung der eigentlichen Kommunalverfassungsvorgaben, aber auch aus deren unzureichender Anwendung ergeben haben. Die Probleme unterschieden sich bei gleicher rechtlicher Struktur der kommunalen Körperschaft (z.B. länd-

---

[193] Anm. Gert Hillmann war 1991 als Ministerialrat Leiter des Referats für Kommunalwirtschaft, –haushalt und –prüfung; als Honorarprofessor lehrte er am Seminar für Politikwissenschaft der Universität Göttingen.

[194] Anm. Axel Saipa war 1991 Stadtdirektor der Stadt Lehrte und Lehrbeauftragter an der Universität Hannover sowie Dozent an der Leibnitz-Akademie Hannover.

[195] Vgl. Gert Hillmann, Bemerkungen zu einer Kommunalverfassungsreform in Niedersachsen und Nordrhein-Westfalen, in: DÖV 2/91, S.41f; Axel Saipa, a.a.O., S.637.

[196] Axel Saipa, a.a.O., S.637.

[197] Siehe die Auswertung der Befragung zur Reform der Gemeindeordnung Nordrhein-Westfahlen, in: Eildienst Städtetag NRW 1989, S. 162, wiedergegeben bei Rudolf Wansleben, Nachrichten des Niedersächsischen Städtetages 1989, S.121.

[198] Axel Saipa, a.a.O., S.639.

lich/städtisch) und nach deren Größenordnung (Landgemeinde, Klein- und Mittel- oder Großstadt). Daraus ergab sich die Frage, ob diese Probleme nicht gezielt mit Blick auf Gemeindekategorien und Größenordnung mit - individuellen Regelungen beseitigt werden könnten.
Im wesentlichen waren die Gemeindedirektoren der Meinung, die Zweigleisigkeit als dysfunktional und desintegrativ wirkende Verfassungsordnung abzuschaffen und dem Hauptverwaltungsbeamten die kommunalpolitische Führungsrolle zuzuweisen. Immer wieder wurde behauptet, daß sich die Bürgermeister und die Gemeindedirektoren durch das Auseinanderfallen von politischem Anspruch und realer Verwirklichungsmöglichkeit in der Wahrnehmung ihrer Aufgaben eingeschränkt sähen. Die daraus resultierende Frustration lag nach langjährigen Beobachtungen überwiegend bei den Hauptverwaltungsbeamten großer Städte, die meinten, keine ihrer Rolle gemäßen Rechte zu besitzen.[199] Die gleiche Unzufriedenheit könne man aber ebenso bei den Bürgermeistern anderer Gemeinden annehmen.[200]

Aus der Rechtslage ließ sich keine Prädominanz der Bürgermeister herleiten. Die Kritik an der Rollenverteilung bezog sich hauptsächlich auf die Oberbürgermeister, für die rechtlich, abgesehen von ihrer Amtsbezeichnung "Ober-", nichts Besonderes galt. Weder der Ratsvorsitz, einschließlich der damit einhergehenden Verhandlungsleitung und der Repräsentationsbefugnis, noch die übrigen Kompetenzen des (Ober) Bürgermeisters begründeten seine starke Stellung.
Eine von vornherein nicht genau definierte Rollenverteilung zwischen Bürgermeister und Gemeindedirektor konnte man angesichts der guten Erfahrungen in vielen Kommunen nach *Hillmanns* Auffassung dem Gesetzgeber nicht ohne weiteres zur Last legen.[201]
Die eigentlichen Probleme traten in den Gemeinden nur dort auf, wo es keine Absprachen oder stillschweigende Aufgabenteilung zwischen Bür-

---

[199] Gert Hillmann, a.a.O., S.42.
[200] Axel Saipa, a.a.O., S.639.
[201] Gert Hillmann, a.a.O., S.42

germeister und Verwaltungschef gab. Kritiker sprachen fast ausschließlich von "Übergriffen" der Bürgermeister in den Aufgabenbereich der Hauptverwaltungsbeamten. Dies traf im besonderen Maße auf den Typ Oberbürgermeister zu, der in der örtlichen politischen Arena groß geworden war, der kraftvoll agierte und meist den ganzen Tag lang im "Ehrenamt" als Vollzeitpolitiker tätig war. Ihm wurde der von der Kommunalverfassung vorgegebene Rahmen zu eng. Durch die Wahrnehmung der Repräsentationspflichten und den damit entstehenden Kommunikationsraum wurde der Bürgermeister geradezu gedrängt, Kommunalpolitik für fast jeden Bereich mit einer Art von Allgemeingültigkeit zu formulieren, wie ihn die Vorschriften über die Repräsentationsbefugnis nicht hergaben. Dieses psychologische Dilemma erschien bei einer politisch profilierten Persönlichkeit, die regelmäßig in das herausgehobene und daher auch sehr begehrte Repräsentationsamt des Oberbürgermeisters gelangte, als unausweichlich.[202]

In einer solchen Konstellation war der Hauptverwaltungsbeamte dem (Ober-)Bürgermeister im politische Agieren selten gewachsen. Er verstand es zu selten, sich öffentlich wirkungsvoll zu inszenieren und verlegte sich dafür um so mehr auf das Wirken im angestammten administrativen Bereich. Durch diesen "Rückzug" wurde wiederum zwangsläufig die Rolle des (Ober-)Bürgermeisters aufgewertet und in ihrer Ausdehnung faktisch auch legitim.

Das Problem lag demzufolge darin, daß der Hauptverwaltungsbeamte in der oben aufgeführten Konstellation die ihm von der Kommunalverfassung zugeteilte Organstellung als Gegengewicht zum Rat nicht kraftvoll wahrnehmen konnte.

Bereits im Jahre 1978 sah die Niedersächsische Sachverständigenkommission zur Fortentwicklung des Kommunalverfassungsrechts unter der Leitung des Staatsrechtslehrers *Werner Thieme* in der Zweigleisigkeit die Grundlage eines Systems von "*checks and balances*". In diesem Sinne

---

[202] Ebd., S.43.

hätte die Zweigleisigkeit die bürokratische Übermacht des Verwaltungschefs ebenso wie den politische Übermut eines selbstbewußten Bürgermeisters eingedämmt. Nach Auffassung der Kommission nahmen die Inhaber der Spitzenpositionen unterschiedliche kommunalpolitische Führungsrollen ein.[203] Bei einer oberflächlichen Betrachtung der Gemeinden und Kreisen mochte es scheinen, daß es durch die Aufspaltung der kommunalpolitischen Führung in eine administrative Leitungsfunktion und eine politische Repräsentation keine Disharmonien gab. Beim genaueren Hinsehen stellte man jedoch fest, daß es überhaupt keine Aufspaltung der Führungsrollen gab, sondern daß die eine oder die andere Seite einvernehmlich die Führung übernommen hatte.

In vielen, namentlich in kleinen und mittleren Gemeinden, war der Gemeindedirektor allgegenwärtig. Er ließ keine Konkurrenten neben sich aufkommen. In einigen Fällen war es für ihn ein leichtes, einen schwachen und rhetorisch nicht geschulten Bürgermeister auszumanövrieren. Man traf umgekehrt aber auch unter den Verwaltungschefs in den Kommunen jeglicher Größenordnung den ausstrahlungsarmen Aktenbearbeiter an, dem jegliches streitbare politisches Agieren und jegliches Repräsentieren zuwider und der über einen alle Darstellungsmöglichkeiten ausschöpfenden Bürgermeister keineswegs unglücklich war.

Eine gutes persönliches Verhältnis vorausgesetzt, waren alle Akteure mit solchen Dominanzverhältnissen zufrieden. Dieser Zustand entsprach aber bei weitem nicht dem Ideal der Zweigleisigkeit. Darüber wurde aber bewußt hinweggesehen oder es wurde sogar geleugnet, da ein Offenlegen die eingespielten Verhältnisse delegitimiert hätte.[204]

Der Bürgermeister, der in der doppelköpfigen Spitze keine Organstellung innehatte, spielte für jeden Bürger und jeden Besucher aus Politik, Wirtschaft und Kultur sichtbar allein und medienwirksam die Rolle des großen

---

[203] Niedersächsisches Ministerium des Innern (Hrsg.), Niedersächsische Sachverständigenkommission zur Fortentwicklung des Kommunalverfassungsrechts, Deutscher Gemeindeverlag 1978, S.134.

[204] Gert Hillmann, a.a.O., S.43.

Kommunikators, ohne dafür für im kommunalen Leben Verantwortung tragen zu müssen. Häufig von der Presse als stark beachtete Leitfigur mit erheblicher Integrationsleistung herausgestellt, fand der Bürgermeister ein hohes Maß an Zustimmung in der Bevölkerung. Durch das Innehaben eines Landtagmandats und den privilegiertem Zugang zu Ministern fiel die Wortführerschaft einiger Bürgermeister noch gewichtiger aus. Viele Bürgermeister nahmen ohnehin weitere Ämter wahr, so als Mitglieder im Kreistag, in der Verbandsversammlung eines kommunalen Zweckverbandes, als Vertreter der Gemeinde in einem Aufsichtsrat, in einem Beirat, in einer Gesellschafterversammlung, in einem Vorstand oder in sonstigen Gremien kommunaler Unternehmen.[205] Die Mehrzahl der Bürgermeister hatten in einer Umfrage des Innenministeriums von NRW angegeben, daß die ehrenamtliche Wahrnehmung des Amtes nicht mehr möglich gewesen und die Grenze der Vereinbarkeit von Beruf und Mandat überschritten worden sei.[206]

Die Möglichkeit einer Entlastung des Bürgermeisters durch den Stellvertreter wurde meist nicht genutzt, da der erste Stellvertreter in Niedersachsen oft einer anderen Partei angehörte. Aus dem Ehrenamt wurde de facto häufig ein Hauptamt, das den Inhaber ernähren sollte. Aus diesem Grund wurden ihm gegenüber dem einfachen Mandatsträger bis zum Fünffachen höhere Aufwandsentschädigungen sowie weitere Einkünfte aus eigens gesuchten Nebenfunktionen gezahlt. In den Großstädten wurde ein Büro mit Sekretärin, persönlichem Referenten und sachbearbeitenden Dienstkräften sowie ein Fahrzeug mit Fahrer gestellt. Das ehrenamtliche Bürgermeisteramt wurde durch die Vielzahl wahrgenommener Aufgaben künstlich so aufgebläht, daß es nur noch zum Teil in den gesetzlichen Vorgaben der Gemeindeordnung erkennbar wurde.[207]

---

205 Umfrage zu den Bedingungen der Kommunalpolitik in Nordrhein-Westfalen, in: Innenministerium des Landes Nordrhein-Westfalen (Hrsg.), 1989, S.25ff.

206 Gert Hillmann, a.a.O., S.43.

207 Ebd., S.43f.

Um in einer Stadt etwas zu erreichen, mußte man sich zunächst der Unterstützung des Bürgermeisters versichern, um anschließend die Einzelheiten mit der Verwaltungsspitze zu erörtern. Ein Hauptverwaltungsbeamter, der versuchte, sich gegen diese Vorgehensweise zur Wehr zu setzen, konnte vom Rat keine Unterstützung erwarten. In diesem Zusammenhang widersprach *Hillmann* der These, die vorsprechende Klientel wisse nicht um den Unterschied zwischen Bürgermeister und Stadtdirektor. Bei den einfachen Bürgern mochte dies so gewesen sein, aber die einflußreichen Kräfte, die etwas erreichen wollten, wußten nach seiner Meinung sehr genau um die Machtverhältnisse.

Nachdem für ein bestimmtes Projekt die politische Vorentscheidung gefallen war, fielen rechtliche und hauswirtschaftliche Bedenken nur noch soweit ins Gewicht, als sie so bald wie möglich zu zerstreuen waren.[208]

Über diese Beispiele hinaus gab es noch weitere Mechanismen, die das Gewicht des Hauptverwaltungsbeamten verringerten. Verglich man ihn mit den hessischen und schleswig-holsteinischen Hauptverwaltungsbeamten, dem dortigen Bürgermeister, so sah man, daß der niedersächsische Bürgermeister keine traditionsreiche Amtsbezeichnung führte. Er wurde nicht als zentraler Politiker anerkannt. Der Bürgermeister in Hessen und Schleswig-Holstein ist, wie sein Amtskollege in NdS es war, nicht Vorsitzender des Rates, aber er repräsentierte das verwaltungsleitenden Kollegialorgan Magistrat. Der niedersächsische Stadtdirektor hatte dagegen nicht einmal den Vorsitz im Verwaltungsausschuß inne, auch dort führte der Bürgermeister. Im wesentlichen galt dies auch im Blick auf die Fachausschüsse. Ein offensives Agieren war in diesen Rahmenbedingungen kaum möglich.

Hätte ein Stadtdirektor versucht, der Politik des Bürgermeisters zu widersprechen, so hätte dies weitreichende und arbeitsintensive Folgen gehabt, einschließlich Kritik an der Person, detaillierten Anfragen und Aufforderung zur Vorlage von Konzeptionen für alles und jedes.

---

[208] Ebd., S.44.

Die politisch gewollte Ausblendung des Hauptverwaltungsbeamten wurde zudem durch dessen fehlende Einflußnahme auf die Personalpolitik erleichtert.
Über dem Hauptverwaltungsbeamten schwebte schließlich ständig das Damoklesschwert der Abwahl. Eine Wiederwahl nach der Abwahl, sei es auch an einem anderen Ort, schien aussichtslos. Auch die für eine Abwahl benötigte Dreiviertelmehrheit der Stimmen (s. 2.2.2.2.) bot keinen sicheren Schutz.[209]
Das Profilieren durch Mitwirken in einer Drittorganisation, z.B. als Vorsitzender oder Mitglied des Sparkassenverwaltungsrats, war dem Verwaltungschef ebenfalls nicht möglich, da das Entsenderecht beim Rat lag, also nicht einmal ein Wahlakt verlangt war. In den meisten Fällen wurde der Bürgermeister oder ein anderer Mandatsträger dem Verwaltungschef als Gemeindedelegiertem vorgezogen. In kaum einem anderen Bundesland, abgesehen von NRW, wurde diese Praxis des Abseitsstellens des Verwaltungschefs so konsequent gehandhabt.[210]
Die Schwächung des Hauptverwaltungsbeamten durfte in ihrer Tragweite nicht unterschätzt werden. Im Mittelpunkt dieser Betrachtung steht nicht die Arbeitszufriedenheit des Beamten, sondern die in bestimmten Konstellationen nicht optimal für den Bürger funktionierenden Verwaltungsleistungen.

Die politische Dominanz des Oberbürgermeisters sowie des Rates war zumindest in den großen Städten NdSs so stark, daß der Hauptverwaltungsbeamte ins zweite Glied verwiesen wurde.
Hillmann war der Auffassung, daß man sich die Korrektur dieses Zustands entweder durch die Optimierung des geltenden Rechts oder durch einen Verfassungswechsel, entweder mit der Entwicklung eines eigenen Modells oder mit der Übernahme einer vorhandenen Kommunalverfassung aus einem anderen Bundesland hätte vorstellen können.

---

[209] Ebd., S.45f.
[210] Ebd., S.46.

Saipas Einschätzung zufolge war die alte KV nicht mehr zu halten; eine Reform somit unabweisbar. Er stimmte der These *Thiemes*[211] zu, daß die Vereinigung der Ämter des Ratsvorsitzendem, des Vorsitzendem des Verwaltungsausschusses und des Hauptverwaltungsbeamten allemal eine Verbesserung brächte. Kommunalpraktiker sowohl der ehrenamtlichen als auch der hauptamtlichen Seite hätten sich mit der Idee unterschiedlicher Lösungsansätzen dieser Diagnose angeschlossen.[212]
In den Jahrzehnten der praktischen Anwendung der NKV wurde diese überwiegend von der hauptamtlichen Seite kritisiert. Vor diesem Hintergrund kam *Hillmann* zu der Auffassung, daß eine neue Ordnung von allen Beteiligten akzeptiert werden müsse. Eine Umgewichtung bei Beibehaltung der bestehenden Grundstrukturen erschien ihm sinnvoll. Selbst wenn es unberechtigt gewesen wäre, an "erkämpften" Positionen festzuhalten, wuchs durch die Reformdebatte auf Seiten der Ehrenamtlichen die Angst, ihren Einfluß einzubüßen.[213]
Saipas Bewertung zufolge kam der in Niedersachsen berufenen Enquete-Kommission Kommunalverfassung (EKkV) eine fundamentale Rolle in dieser Reformdebatte zu, nachdem seit Inkrafttreten der NKV am 01.April 1955 33 Änderungen beschlossen worden waren.
Hillmann schloß sich der These *Gerd Banners*[214] an, daß die zentrale politische Rolle allein dem Hauptverwaltungsbeamten zustehe. Nur bei optimaler Nutzung des "Potentials" Verwaltung lasse sich die kommunale Politikfähigkeit steigern. Die erste Position müßte in den Kommunen eindeutig festgelegt werden.
Als notwendige Veränderungen führte *Hillmann*[215] folgende Punkte auf, denen sich *Saipa*[216] größtenteils anschloß:

---

[211] Jörn Ipsen, Kontinuität oder Reform – Die Gemeindeverfassung auf dem Prüfstand, a.a.O., S.19.
[212] Axel Saipa, a.a.O., S.638.
[213] Gert Hillmann, a.a.O., S.47.
[214] Gerd Banner, Kommunale Steuerung zwischen Gemeindeordnung und Parteipolitik, in: DÖV 9/84, S.364.
[215] Gert Hillmann, a.a.O., S.47.

- Umbenennen des Vorsitzenden der Vertretungskörperschaft in Ratsvorsitzenden;
- Künftige Bezeichnung des Hauptverwaltungsbeamten als Bürgermeister bzw. Oberbürgermeister; für die Wahl sollte eine förmliche verwaltungsfachliche Qualifikation nicht vorgeschrieben werden;
- der Hauptverwaltungsbeamte sollte die kommunale Körperschaft im Rahmen seiner organmäßigen Zuständigkeit repräsentieren und bei offiziellen Anlässen den Vortritt vor dem Vorsitzenden der Vertretungskörperschaft haben;
- der Hauptverwaltungsbeamte sollte ohne Stimmrecht den Vorsitz im Verwaltungsausschuß innehaben, wodurch sein Einfluß auf die Personalpolitik gestärkt würde.[217]

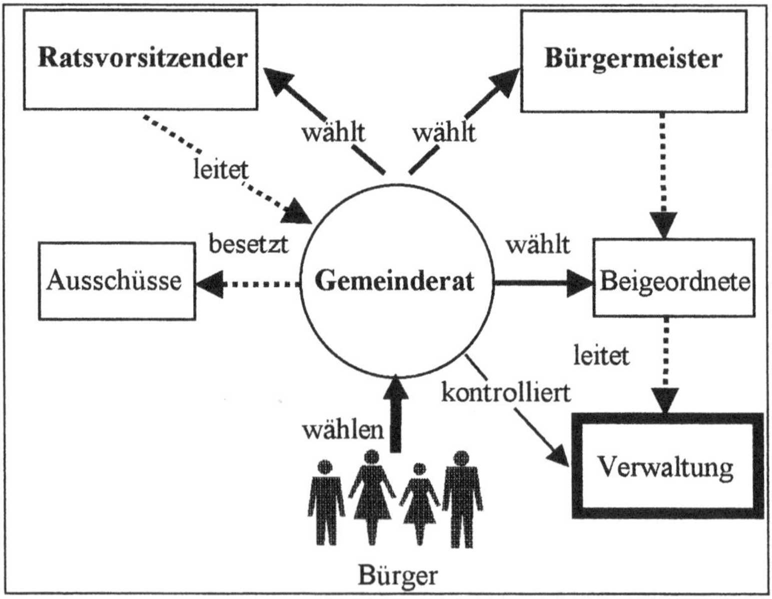

Abbildung 8: NKV nach Hillmann

---

[216] Axel Saipa, a.a.O., S.643.
[217] Gert Hillmann, a.a.O., S.47.

Die Zuständigkeiten der Vertretungskörperschaft und der Verwaltung blieben bei diesem Vorschlag grundsätzlich unverändert. Es hätte nach Hillmanns Meinung das Demokratie- und das Effizienzpostulat besser aufgewogen. Der stimmlose Vorsitz des Hauptverwaltungsbeamten im Verwaltungsausschuß hätte seine Einflußchancen erhöht, ohne dem ehrenamtlichen Element in vielen wichtigen Fachfragen die Entscheidungskompetenz zu nehmen. Durch das "niedrige" Anforderungsprofil als Voraussetzung für die Tätigkeit des Verwaltungschefs hätte dieses Amt auch ein erfahrener bisheriger Bürgermeister übernehmen können.
Die Urwahl dieses "neuen Bürgermeisters" lehnte Hillmann bewußt ab. Er erwähnte zwar die erweiterte Partizipation der Bürger, sah aber die Gefahr, daß in einem Wahlkampf gute Rhetorik mehr zählen würde als Verwaltungspraxis und entsprechende Führungsqualifikationen. Ein selbstbewußter Rat könnte auch einen urgewählten Verwaltungschef einschränken.[218]

Fazit: Bereits 1991 erschienen zwei Artikel, die die Diskussion um die Zweigleisigkeit weiter anfachten und die Eingleisigkeit unterstützten.

3.2.1.1. Estimation der Kommunalen Spitzenverbände

3.2.1.2.1. Niedersächsische Städte- und Gemeindebund

Der Niedersächsische Städte- und Gemeindebund (NStGB) stellte fest, daß sich das Nebeneinander von ehrenamtlichem Bürgermeister und Hauptverwaltungsbeamtem in den von ihm vertretenen kreisangehörigen Städten, Gemeinden und Samtgemeinden bewährt habe. Diese Position vertrat der NStGB bei vielen Gelegenheiten.[219]

---

[218] Ebd., S.48.

[219] Hans-Henning von Hoerner, Stellungnahme Niedersächsischer Städte- und Gemeindebund, in: Bündnis 90/Die Grünen, Reader – Direkte Demokratie stärken, Hannover 1995, S.17.

Bereits zu Beginn der Diskussion um eine Kommunalverfassungsreform legte der NStGB seine Position, die Beibehaltung der Zweigleisigkeit, in einem Schreiben vom 30.05.1991 an den NdS Landtagspräsidenten dar.[220]
In einem an die EKkV gerichtetes Schreiben vom 08.02.1993 wies der NStGB erneut auf die aus seiner Sicht notwendige Beibehaltung der Zweigleisigkeit hin.[221]
Am 12.09.1995 folgte ein Schreiben an das NdS Innenministerium.[222] In diesem wurde darauf hingewiesen, daß der Bericht der EKkV die Meinung die Verbandsmeinung bestätige. Es wurde erneut dargestellt, daß eine "eingleisige" Kommunalverfassung:

- ein insbesondere in den kreisangehörigen Städten, Gemeinden und Samtgemeinden bewährtes System ohne Not zerschlagen würde,
- die vielen Bürgermeisterinnen und Bürgermeister, die dieses Amt seit Jahren mit großem Einsatz und gutem Erfolg versehen hätten, mit einem Federstrich des Gesetzgebers verabschiedet würde, ohne daß überzeugend festgestellt worden wäre, daß sie ihre Arbeit grundsätzlich nicht im Dienste und zur Zufriedenheit der Bürgerinnen und Bürger versehen hätten - entsprechendes gälte für die Gemeindedirektorinnen und Gemeindedirektoren,
- an die Stelle einer sauberen Trennung zwischen politischen Grundsatzentscheidungen im Rat auf der einen Seite und deren Umsetzung im Rahmen einer umfassenden Verwaltungsverantwortung andererseits einen "starken Mann" setzen würde, der allerdings nur scheinbar mehr Kompetenzen habe, weil mit der Reform der Kommunalverfassung letztlich eine Stärkung der Räte und der ehrenamtlichen Arbeit in den Räten beabsichtigt sei,

---

[220] Niedersächsischer Städte und Gemeindebund, Brief an den Landtagspräsidenten vom 30.05.1991, in: Vorlage 11 zur Drs 735.

[221] Niedersächsischer Städte und Gemeindebund, Brief an die EKkV vom 08.02.1993, in: Vorlage 57 zur Drs 735.

[222] Niedersächsischer Städte und Gemeindebund, Brief an das Niedersächsische Innenministerium vom 12.09.1995.

- Bedenken wegen der Ratsmitgliedschaft und des Ratsvorsitzes eines vom Volk gewählten hauptamtlichen Bürgermeisters auslöse: Problematisch sei die Vermischung der Beschluß- und Kontrollzuständigkeiten des Rates mit den Vollzugsaufgaben des Hauptverwaltungsbeamten, der dem Rat gegenüber rechenschaftspflichtig sei. Ebenso problematisch sei der Bürgermeisters neuen Typs, weil er zwar wie die übrigen Ratsmitglieder direkt vom Volk gewählt würde, aber nicht (eindeutig) einer Partei zugeordnet werden könne oder müsse: Entweder verstärkte er direkt oder indirekt das Gewicht "seiner" Fraktion oder er nähme – evtl. trotz Zugehörigkeit zu einer Partei – eine unabhängige Position ein. Formell dürfe er den Fraktionen und Gruppen nicht angehören und auch bei der Ausschußbesetzung nicht berücksichtigt werden, obwohl im Wahlkampf unter Umständen von einer Partei unterstützt worden sei. Dies führe zu unklaren politischen Verhältnissen und verstärke letztlich die Politikverdrossenheit der Bürger,
- den Grundsätzen der Verhältniswahl widerspräche, weil der neue Bürgermeister zusätzlich zu den von der Bevölkerung gewählten Ratsmitgliedern Mitglied des Rates wäre, so daß sich bei knapper Mehrheit sogar eine Verfälschung des Wählerwillens ergeben könnte. Entsprechendes gälte für die Zusammensetzung des Verwaltungsausschusses, weil der Bürgermeister nach der Reform stimmberechtigtes Mitglied im Verwaltungsausschuß würde,
- die Kommunen finanziell überforderte. Zusätzliche Pensionslasten der Kommunen im Umfang von rd. 400 Mio. DM (Schätzung der Versorgungskassen), die um zwei Stufen höhere Besoldung der neuen Bürgermeister und nicht zuletzt die notwendige Einstellung von zusätzlichen Verwaltungsmitarbeitern ließen sich nicht finanzieren.

Abschließend wies der NStGB darauf hin, schon einige Vorschläge zur Verbesserung der bis dato vorhandenen Zweigleisigkeit gemacht zu haben und daß diese vorrangig zu prüfen und zu diskutieren sein, bevor es zu einer umfassenden Neuregelung käme:[223]

- Der Bürgermeister sollte zur Aufstellung der Tagesordnung für Rat und Verwaltungsausschuß ein besonderes Recht auf Akteneinsicht erhalten.
- Die Alleinverantwortung des Gemeindedirektors für die Verwaltungsführung sollte gestärkt werden, so durch die Abschaffung der Richtlinienkompetenz des Rates und formelle Beteiligungsrechte bei der Einstellung von Personal, insbesondere bei der Beauftragung des allgemeinen Vertreters des Gemeindedirektors, und schließlich mit der Alleinvertretung der Gemeinde.

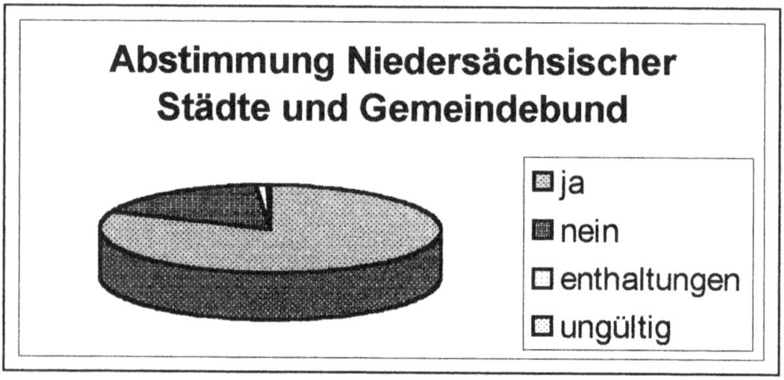

Abbildung 9: Abstimmung NStGB

In einem weiteren Brief an den NdS Landtagspräsidenten bezog sich der NStGB am 17.11.1995 auf sein o.a. Schreiben vom 12.09.1995 zur Beibehaltung der Zweigleisigkeit. Dieses stützte sich auf Beratungen mit Bürgermeistern, Ratsmitgliedern sowie Hauptverwaltungsbeamten der vom NStGB vertretenen Kommunen. An einer Befragung in 381 der 420 kreisangehörigen Städte, Gemeinden und Samtgemeinden nahmen von 10.205

---

[223] Vgl. hierzu auch: Hans-Henning von Hoerner, a.a.O., S.18.

Ratsmitgliedern 7.034 Mandatsträger an der Abstimmung teil, entsprechend 68,93% der Befragten.
Für die Beibehaltung der Zweigleisigkeit sprachen sich dabei 5.709 (81,16%), für die Kommunalverfassungsänderung zur Eingleisigkeit 1.227 (17,44%) aus; lediglich 69 Befragte (0,98%) hatten keine Meinung oder hatten die Frage nicht verstanden (29 ⇒ 0,48%).[224]

Fazit: Der Niedersächsische Städte und Gemeindebund beteiligte sich sehr intensiv an der Diskussion um die NKV. Er gehört zu den kommunalen Spitzenverbänden, die zur Verwaltungsseite gezählt werden. Aus diesem Grund ist es nicht verwunderlich, daß sich die überwiegende Mehrheit der Mitglieder wie auch der NStGB selbst für die Beibehaltung der Zweigleisigkeit aussprachen.

3.2.1.2.2. Der Niedersächsische Städtetag

Der Niedersächsische Städtetag informierte die EKkV mit Schreiben vom 17.05.1991, daß unter seinen Mitgliedern eine lebhafte Diskussion um die Ein- oder Zweigleisigkeit stattfinde. Das Interesse sei durch die Kommunalverfassungsänderung in NRW verstärkt worden. Die Reformbedürftigkeit der NKV liege auf der Hand. Der NdS Städtetag erklärte seine Bereitschaft, bei der Aufbereitung des Problems zu helfen, zur Zeit lasse sich noch keine abschließende Verbandsmeinung ausmachen.
In einem weiteren Brief stellte der Niedersächsische Städtetag am 12.11.1991 seine Reformpläne vor. Die Wahl des Ratsvorsitzenden sollte weiterhin durch den Rat erfolgen. Er sollte aber Erster unter Gleichen sein. Er sollte als Rats- bzw. Stadtratspräsident bezeichnet werden. Die Titulierung als Bürger- bzw. Oberbürgermeisters sollte dem hauptamtlichen Leiter der Gemeindeverwaltung zukommen. Es wurde die Direktwahl des

---

[224] Niedersächsischer Städte und Gemeindebund, Brief an den Landtagspräsidenten vom 17.11.1995.

Bürgermeisters bzw. Oberbürgermeisters für sechs oder acht Jahre mit der Möglichkeit der Wiederwahl vorgeschlagen. Den Vorsitz des Verwaltungsausschusses sollte der Rats- bzw. Stadtratspräsident innehaben, der Bürger- bzw. Oberbürgermeister sollte dagegen lediglich stimmberechtigtes Mitglied dieses Ausschusses sein.[225]

Der Niedersächsische Städtetag begrüßte in seiner 127. Sitzung am 29.August 1995 im nachhinein die beschlossene Reform der Niedersächsischen Regierung. Wie in allen anderen Flächenländern der Bundesrepublik Deutschland sollte auch in Niedersachsen der hauptamtliche Ober-/Bürgermeister als Leiter der Verwaltung und Vorsitzender des Rates unmittelbar von den Bürger gewählt werden.

Eine Amtsperiode von fünf Jahren hielt der Städtetag allerdings für zu kurz. Er sah darin eine Einschränkung der Arbeit des Bürgermeisters, da sich dieser in dieser kurzen Zeitspanne auch um den Wahlkampf kümmern müsse. Eine kontinuierliche Arbeit sei nicht möglich. Des weiteren sah er die Gefahr einer Parlamentarisierung der Räte, welche die sachliche Arbeit der Kommunalverwaltung, insbesondere zur Wahlzeit, erheblich erschweren könnte. Der Niedersächsische Städtetag forderte daher nachdrücklich eine Amtszeit von acht Jahren mit der Möglichkeit zur Wiederwahl.[226]

Fazit: Der Niedersächsische Städtetag sah die Reformbedürftigkeit der NKV und machte diesbezüglich eigene Vorschläge. Der Leiter der Verwaltung sollte als Bürgermeister bezeichnet und direkt gewählt werden.

---

225 Niedersächsischer Städtetag, Brief an die EKkV vom 12.11.1991, Vorlage 23 zur Drs 735.

226 Robert Thiele, Die neue niedersächsische Kommunalverfassung, in: Niedersächsischer Städtetag Nr. 9/1995, Göttingen 1995, S.200.

3.2.1.2.3. Der Niedersächsische Landkreistag

Der Niedersächsische Landkreistag (NLT) nahm in seinem Schreiben an die EKkV vom 22.05.1991 nicht direkt zur Diskussion um die Ein- oder Zweigleisigkeit Stellung.[227]
In der Aprilausgabe der Verbandszeitschrift "NLT-Information" im Jahre 1995 präsentierte er seine Auffassung. Dort wurde detailliert die Stellungnahme zu dem Entwurf des Gesetzes zur Reform der NKV referiert. Der NLT bewertete den Gesetzentwurf als nicht funktionsgerecht und bestritt eine Verbesserung gegenüber dem bestehenden System. Die Eingleisigkeit mit Direktwahl des Hauptverwaltungsbeamten wurde abgelehnt und eine Beibehaltung der Zweigleisigkeit bekräftigt. Der NLT legte sein Augenmerk auf die Landkreisebene mit dem ehrenamtlichen Landrat und dem hauptamtlichen Oberkreisdirektor. Der NLT unterstützte ausdrücklich die Meinung der EKkV. Im einzelnen begründete er seine Position wie folgt:

- Die Trennung von ehrenamtlich wahrgenommener repräsentativer Vertretung sowie die hauptamtliche Verwaltungsleitung habe sich bewährt.
- Der Gesetzentwurf bringe neben finanziellen Belastungen durch etliche Einzelregelungen auch zusätzliche Belastungen nach den auslaufenden Amtszeiten der Hauptverwaltungsbeamten. Es sei davon auszugehen, daß sich die Kosten auf einen zweistelligen Millionenumfang beliefen.
- Mit Einführung der Eingleisigkeit, d.h. Direktwahl des Hauptverwaltungsbeamten, komme entweder die Politik oder aber die professionelle Verwaltungsführung zu kurz.
- Es bestehe die Gefahr, falls der direkt gewählte Hauptverwaltungsbeamte nicht der Mehrheitsfraktion angehöre, daß erhebliche Probleme bei seiner Arbeit auftreten könnten. Die dem Bürger mit der Direktwahl des Hauptverwaltungsbeamten vermittelte politischadministrative Gestaltungsmöglichkeit komme in diesem Falle praktisch nicht zum Tragen.

---

[227] Niedersächsischer Landkreistag, Brief an die EKkV vom 22.05.1991.

- Die Direktwahl leiste einer Parlamentarisierung Vorschub. Um von der Verwaltung nicht erdrückt zu werden, könnten die Fraktionen eigene Mitarbeiterstäbe zur Kontrolle für notwendig halten. Diese Entwicklung sei auf ein "Gegeneinander" angelegt, wie im Verhältnis von Regierung, Parlament und Opposition in der staatlichen Demokratie (Bundesländer).
- Der mit der Direktwahl einhergehende Verzicht auf Anforderungsprofile für die Kandidaten eröffne Zweifel, ob die Professionalität der Verwaltungsführung noch gewährleistet sei, da sie naturgemäß nicht im Mittelpunkt einer Wahl stehe.

Fazit: Der Niedersächsische Landkreistag sah in der Gesetzesinitiative zur Eingleisigkeit keine Verbesserung der bestehenden NKV. Der NLT verband den Begriff Parlamentarisierung mit einer stärkeren Einflußnahme der Parteien. Durch die Eingleisigkeit befürchtete er den Einzug des "Parteienstaates" sowohl in den Räten wie auch in der Verwaltungen. Dies lief dem Interesse des NLT entgegen, da er als ein Spitzenverband der Kommunalverwaltung der Verwaltungsseite zuzuordnen ist. Aus diesem Grund lehnte der Verband die Gesetzesinitiative ab.

3.2.1.3. Estimation der Wirtschaft

Die *Industrie und Handelskammer* Hannover - Hildesheim wandte sich mit einem Schreiben vom 12.05.1992 an den Vorsitzenden der EKkV, den Abgeordneten der SPD, *Heiner Bartling*, der dieses Schriftstück an die EKkV weiterleitete.
Die IHK war der Meinung, daß die Zweigleisigkeit unklare Machtverhältnisse produziert habe. In der NKV mit ihrer Zweigleisigkeit habe ein immanentes Spannungsverhältnis vorgelegen, welches in der Praxis häufig zu Konflikten und zur Verzögerung wichtiger Entscheidungen geführt habe.

Die IHK sah in der Eingleisigkeit eine Lösung für dieses Problem und trat nachdrücklich für sie ein.[228]

Fazit: Gerade die Wirtschaft war für klare Verhältnisse. Sie wollte eine klare und eindeutige Rollenverteilung. Die Rollenvorstellung des Amtsbegriffs "Bürgermeister" wurde auf Niedersachsen bezogen von vielen Kontaktsuchenden aus der Wirtschaft falsch ausgelegt. Um sich auch unabhängig von den Ortskenntnissen an das richtige Organ zu wenden, sollte die niedersächsische Kommunalverfassung den Verhältnissen der anderen (Bundes-) Ländern angeglichen werden.

3.2.1.4. Estimation der Wissenschaft

Der Geschäftsführende Direktor des Kommunalwissenschaftlichen Instituts der Universität Münster, *Prof. Dr. H.-U. Erichs*, veröffentlichte im Februar 1990 eine Abhandlung über aktuelle Probleme der Kommunalverfassungen.
Bei der Untersuchung der damaligen Situation der kommunalen Selbstverwaltung in NRW und NdS hob er die Diskrepanz des vorhandenen zum ursprünglichen von den Briten eingeführten System hervor. Eine auf kommunaler Ebene stattgefundene Parlamentarisierung und parteipolitische Polarisierung sei teilweise bereits als irreversibel akzeptiert und unter Hinweis auf Art.21 Abs.1 GG sowie auf Art.28 Abs.1 S.2 GG auch als vom Grundgesetz gewollter Zustand anerkannt worden.[229]
Während einige Beobachter das Verhältnis Bürgermeister – Gemeindedirektor als sachgerechte und grundsätzlich auch funktionierende Arbeitsteilung angesehen hätten, beklagten andere effizientsmindernde Reibungsverluste des dualistischen Systems.

---

[228] Industrie und Handelskammer Hannover – Hildesheim, Brief an den Abgeordneten Heiner Bartling, in: NSL, Vorlage 38 zur Drs 735.
[229] Hans-Uwe Erichsen, a.a.O., S.37.

Unter den Befürwortern der Eingleisigkeit sei umstritten gewesen, wie sich diese verbessern lasse. Als Lösungen würden zumeist die Kommunalgesetzgebungen anderer Bundesländer angeboten.
Durch unmittelbare Volkswahl würde der Bürgermeister eine dichtere demokratische Legitimation erhalten. Die Abhängigkeit des Bürgermeisters von einer Partei würde abnehmen und seine Position gegenüber dem Rat gestärkt. Diese Konstellation würde dann eher einer Präsidialverfassung als einer parlamentarischen Verfassung ähneln. Ein direkt gewählter Bürgermeister könne sich besser als Leit- und Integrationsfigur profilieren. Die Entscheidung zwischen direkter oder indirekter Wahl bestimme somit die Gewichtsverteilung zwischen Rat und Bürgermeister.
Erichsen wies aber darauf hin, daß bei Einführung der Direktwahl des Bürgermeisters nach dem Prinzip der Süddeutschen Ratsverfassung eine Reihe von Kompensationsinstrumenten für den Rat eingebaut werden müßten, die einer zu starken Machtentfaltung des Bürgermeisters entgegenwirkten.[230]
Auch andere Wissenschaftler teilten *Erichsens* Einschätzung. *Knemeyer* stellte fest, daß die durch die Niedersächsischen Sachverständigenkommission 1977/78 angestoßene Reformdiskussion in den darauf folgenden Jahren abgeebbt war. Auch er stellte die Frage nach der Ein- bzw. Zweigleisigkeit in den Vordergrund. Ein Vergleich zwischen der Norddeutschen und der Süddeutschen Ratsverfassung sollte zur Beantwortung beitragen.[231]
Knemeyer koppelte den Vergleich an die Frage nach der adäquaten Kommunalverfassung im Gesamtsystem Verfassung – Staat – Gemeinde. Er stellte klar, daß zwar alle Kommunalverfassungen mit dem Grundgesetz konform gingen. Aus wissenschaftlicher Sicht meinte er dennoch, die der verfassungsrechtlichen Position der Kommune im Staat am besten entsprechende Kommunalverfassung finden zu können. Die Frage nach der allein richtigen Kommunalverfassung hätte nicht gestellt werden dürfen. Die

---

[230] Ebd., S.38f.
[231] Franz-Ludwig Knemyer, a.a.O., S.85f.

Suche nach Verbesserungen einzelner fehlerhafter Teile der Verfassungen hätte laut Knemeyer den richtigen Ansatz dargestellt.[232]
Die Grundlage der Selbstverwaltung und Eigenverantwortlichkeit im demokratisch strukturierten Gemeinwesen bildete die demokratisch legitimierten Entscheidungsträger. Verwaltungsaufgaben müßten professionell erledigt werden. Nur zwei grundsätzlich eigenständige Zweigen – einem kolligialen und einem monokratischen – könne die kommunale Verwaltung ihre Aufgaben erfüllen. Ein monistisches System wie das der Norddeutschen Ratsverfassung führe nur zur Überlastung der Räte und gefährde die Ehrenamtlichkeit.[233]
Damit das bessere, duale System bestmöglich arbeiten könne, benötige es eine Spitze, die beide Kommunalfunktionen in dieselbe Richtung, zum Gemeinwohl aller, lenke. Eine gute Zusammenarbeit beider Organe stehe im Vordergrund, sie dürfe nicht durch Gegenpositionen gestört werden. Die Eingleisigkeit, d.h. die Personalunion zwischen Ratsvorsitzendem und Leiter der Verwaltung, stelle das wirksamste Mittel zur Vereinheitlichung und Verknüpfung dar. Für *Knemeyer* stellt sich diesbezüglich die Süddeutsche Ratsverfassung als ausgewogen dar. Darin könne der Bürgermeister dem Gemeinderat aufgrund seiner umfassenden Kompetenzen viel Arbeit abnehmen, so daß sich der Rat auf die wesentlichen Entscheidungen konzentrieren könne. Die starke Stellung des Bürgermeisters entmachte in dieser Verfassung die Räte nicht, wenn diese ihre Möglichkeiten erkennen und nutzen.[234]

In der Personalunion von Rats- und Verwaltungsführung müsse die Position politisch besetzt werden. Nur dann hätte sie ein entsprechendes Durchsetzungsvermögen. Die Machtfülle des süddeutschen Bürgermeisters habe

---

[232] Ebd., S.86f.
[233] Ebd., S.87.
[234] Ebd., S.88.

ihre Anziehungskraft für starke Persönlichkeiten bewiesen. Eine so gewichtige Position lasse sich nur in direkter Wahl legitimieren.[235]
Der direkt gewählte Bürgermeister sei am ehesten imstande, parteipolitische Blockaden aufzubrechen und die Einheit der Verwaltung zu garantieren. Der von den Bürgern direkt gewählte Chef von Rat und Verwaltung sei in optimaler Weise geeignet, die Gemeinde als Einheit zu verkörpern.

Fazit: Die Wissenschaft sah in der bis dato bestehenden NKV viele Schwächen und sprach sich für eine Reform aus. Bei der Frage nach der Ein- bzw. Zweigleisigkeit fiel das Votum zugunsten ersterer aus.

3.2.2. Estimation der Politik

3.2.2.1. Estimation in der CDU

Am 18.10.1993 rief der neue Vorsitzende und Spitzenkandidat für die Landtagswahl der CDU Niedersachsen, *Christian Wulff*, den Leiter des wissenschaftlichen Dienstes der CDU-Fraktion im Niedersächsischen Landtag, an. *Wulff* bat um Unterstützung beim Entwurf einer Pressemitteilung zum Thema Kommunalverfassungsreform, die am folgenden Tag, den 19.10.1993 heraus gegeben werden sollte. Er hatte schon seit mehreren Jahren den Gedanken der Eingleisigkeit und Urwahl der kommunalen Spitze in seiner Partei aufzugreifen versucht. Nun, vor der nächsten Landtagswahl, sah er die Zeit dafür gekommen.
Wulff sprach sich am 20.10.1993 in einem Pressebrunch für ein Volksbegehren aus, das in Niedersachsen die Direktwahl der Bürgermeister und Landräte einführen sollte. Er begründete seine Forderung wie folgt: "*Auch in unserem Land sollen die Bürgerinnen und Bürger in Städten, Gemeinden und Landkreisen das Recht erhalten, direkt und unmittelbar darüber*

---

235 Gerhard Banner, Vor und Nachteile der Gemeindeordnung in der Bundesrepublik, in: Peter Michael Mombauer (Hrsg.), Neue Kommunalverfassung für Nordrhein-Westfalen?, Köln 1988, S.26ff.

zu bestimmen, wer als Bürgermeister oder Landrat auch Chef der Verwaltung sein soll.“[236]
Ein bestimmtes Anforderungsprofil stellte der Jurist an die Kandidaten absichtlich nicht, da er der Auffassung war, daß sich jede Frau und jeder Mann unabhängig von Beruf und Ausbildung zur Wahl stellen können sollte. Einem Monopol für Juristen oder sonstige Akademiker sollte kein Vorschub geleistet werden.
In der Direktwahl einer einheitlichen kommunalen Spitze sah Wulff zugleich die Möglichkeit, die vorhandene Parteiverdrossenheit abzubauen. Durch das freie Entscheidungsrecht der Bürger auch für parteiunabhängige Persönlichkeiten würde der Einfluß der Parteien bei der Bürgermeister- und Landratswahl zurückgedrängt. Das Ziel war es, daß diejenigen in das Spitzenamt gewählt werden sollten, die hohes Ansehen genießen, weil sie sich in besonderem Maße für die Bürgerinnen und Bürger engagieren. Ein Bürgermeister oder Landrat, der dieses Amt bis dato ehrenamtlich bekleidet und in der Bevölkerung Anerkennung erworben hatte, sollte ebenso, wenn nicht sogar eher, in Frage kommen als z.B. ein Jurist.
Wulff räumte ein, daß sich die NKV mit ihrer Zweigleisigkeit in den letzen über 40 Jahren durchaus bewährt habe. Er wies auch im Pressegespräch darauf hin, daß “*in allen Parteien, auch in der CDU, kompetente Kommunalpolitiker und Fachleute vehement und mit beachtlichen Gründen für deren Beibehaltung eintreten*“. Ausschlaggebend für *Wulffs* Vorstoß war jedoch “*die hervorragende Erfahrung, die inzwischen in allen anderen Bundesländern - bis auf Nordrhein-Westfalen - mit dem eingleisigen System, bei dem es nur ein kommunales Spitzenamt gibt, und Direktwahl gemacht worden sind, denn dort wird dem Anspruch der Bürgerinnen und Bürger auf mehr Mitsprache eben in stärkerem Maße Rechnung getragen, als es bei uns mit der Wahl des Bürgermeisters als Ratsvorsitzendem und des Hauptverwaltungsbeamten als Chef der Verwaltung durch den Rat der Fall ist*“.[237]

---

[236] Zitat: Christian Wulff, in: CDU Niedersachsen, Pressemitteilung, Hannover 20.10.1993, S.1.
[237] Ebd., S.1f.

Nach *Wulffs* Auffassung hätte gerade aufgrund der Meinungsvielfalt über eine neue Kommunalverfassung und in Anbetracht der direkten Betroffenheit der Bürgerinnen und Bürger "*ein neues Kommunalrecht nicht von oben herab durch den Landesgesetzgeber aufgezwungen, sondern durch Volksbegehren und gegebenenfalls Volksentscheid den Betroffenen die direkte Entscheidung hierüber eingeräumt werden*" sollen.[238]
Wulff sah "*hierin eine Fragestellung, die in besonderem Maße für die unmittelbare Entscheidung der Bevölkerung auf der Grundlage der neu in die Niedersächsische Verfassung aufgenommenen Mitwirkungsrechte geeignet ist*". Neben der Stärkung der Bürgerrechte führte er vor allem folgende Argumente für seine Position auf:

- größere Chancen für die Wahl starker und angesehener Persönlichkeiten, vor allem auch Frauen;
- verstärkte Effizienz der Verwaltungsführung, Vermeidung von Reibungsverlusten und schnellere Entscheidungsmöglichkeiten;
- Aufwertung der kommunalen Selbstverwaltung gegenüber staatlichen Behörden aufgrund eines größeren Gewichts des direkt gewählten Bürgermeisters gegenüber der Kommunalaufsicht;
- klar für den Bürger erkennbare Verantwortlichkeit einer einzigen Person an der Spitze der Kommune anstelle des Auseinanderfallens von politischem Anspruch und realen Wirkungsmöglichkeiten.

Wulff zeigte sich sicher, eine große Mehrheit der Niedersachsen davon überzeugen zu können, daß die Direktwahl der Bürgermeister und Landräte die stärkste Form der Bürgerbeteiligung sei. Die Wählerinnen und Wähler würden davon in einer Art und Weise Gebrauch machen, mit der die kommunale Selbstverwaltung als Fundament dieser Demokratie weiter gefestigt würde.
Der damalige SPD-Landesvorsitzende, *Johannes Bruns*, hatte von der Absicht *Wulffs* im Vorfeld erfahren und lud wenige Stunden vor dem von *Wulff* anberaumten Pressebrunch zu einem Pressefrühstück ein, um dort

---

[238] Ebd., S,2.

genau dieselben Forderungen zu erheben.[239] Aus diesem Grund mußte die Presseinformation der CDU kurzfristig um einen Satz ergänzt werden. Sie endete daher mit dem Hinweis, daß *Wulff* es begrüße, daß der SPD-Fraktionsvorsitzende *Johann Bruns* bereits seine Zustimmung zur CDU-Initiative signalisiert habe.[240]

Der Vorstand des CDU-Landesverbands stimmte im November 1994 vor der Klausurtagung der CDU-Fraktion in Goslar mit 15 gegen sechs Stimmen für die Eingleisigkeit.

In einer Klausurtagung am 21.11.1994 setzten sich die Reformbefürworter mit 32 gegen 21 Stimmen durch. Die Fraktion folgte mit ihrem Beschluß für die Eingleisigkeit in einer teilweise emotional geprägten Debatte im Grundsatz dem Vorschlag ihres Vorsitzenden. Eine Mehrheit der Abgeordneten ließ sich aber auf Zugeständnisse ein, die den Befürwortern der Zweigleisigkeit entgegenkamen. Die Räte der Städte und Gemeinden, die weniger als 30.000 Einwohner hatten, sollten selbst entscheiden können, ob sie die Doppelspitze beibehalten oder abschaffen wollten. Gegen die Eingleisigkeit wandte sich in der Diskussion u.a. der stellvertretende Fraktionsvorsitzende und Präsident des niedersächsischen Städte- und Gemeindebundes, *Hans Eveslage*.[241]

Auf ihrem Landesparteitag in Delmenhorst am 09.06.1995 bestätigte sich in dieser Frage die Spaltung der Partei in zwei Lager. Die Delegierten sprachen sich im Gegensatz zu ihrem Landesvorsitzenden Wulff mit großer Mehrheit für die Beibehaltung der Zweigleisigkeit aus und bezeichne-

---

[239] Eckart Spoo: Wer anderen ein Bein stellt..., Frankfurter Rundschau, 14.06.95.

[240] Zitat: Christian Wulff, in: CDU Niedersachsen, Pressemitteilung, Hannover 20.10.1993, S.3.

[241] O.V.: Für direkt gewählte Bürgermeister, Northeimer Neueste Nachrichten, 22.11.94.

ten den Parteitagsbeschluß der SPD vom 18.03.1995 als abzulehnende Scheinlösung.[242]

Fazit: Die Idee des "jungen Wilden" der CDU, *Christian Wulff*, die Eingleisigkeit auch in Niedersachsen einzuführen, brachte neuen Zündstoff in die laufende Diskussion um eine Kommunalverfassungsänderung. Die SPD sah sich im Zugzwang und griff seine Vorstellung auf. *Wulff* selbst scheiterte in seiner eigenen Partei mit der Idee. Den Stein brachte er letztendlich aber ins Rollen.

3.2.2.2. Estimation in der SPD

Am Morgen des 20.10.1993 überraschte der SPD-Fraktionsvorsitzende im Niedersächsischen Landtag, *Johann Bruns*, die kurzfristig zum Frühstück eingeladene Presse mit der Idee, die Eingleisigkeit sowie die Direktwahl des Hauptverwaltungsbeamten einzuführen.
Innerhalb der SPD-Fraktion gab es bereits seit zwei Jahren eine verstärkte Diskussion über die NKV. *Bruns* war von Gegnern der Eingleisigkeit in den Reihen der CDU über die unionsinterne Diskussion informiert und auf dem Laufenden gehalten worden. So wurde ihm auch der Pressetermin des CDU-Spitzenkandidaten *Wulff* zugetragen. *Bruns*, der selbst prinzipiell gegen die Eingleisigkeit war, räumte sich 24 Stunden Bedenkzeit ein.
Seines Erachtens würde bei Einführung der Eingleisigkeit das ehrenamtliche Engagement nachlassen, hauptamtliche Mitarbeiter aus der kommunalen Bürokratie als aussichtsreiche Kandidaten hingegen begünstigt. *Bruns* wußte, dass die Befürworter der Eingleisigkeit in seiner Fraktion eine Minderheit waren. Der Ministerpräsident, *Gerhard Schröder*, hatte sich mit dieser Thematik bis dato nicht auseinandergesetzt, sie schien ihn nicht zu interessieren. *Bruns* sah nun die Gefahr, daß die CDU die SPD-

---

[242] CDU Niedersachsen, Beschluß des CDU-Landesparteitages Delmenhorst zur Kommunalverfassung, 09.06.1995; Heinz-Josef Laing: Schlappe für Wulff, Nordwest Zeitung, 10.06.1995.

Kandidaten im Wahlkampf an die Wand spielen könnten, wenn diese mit dem Wahlkampfschlagwort "*für mehr Demokratie*" aufträte. Er faßte den Entschluß, dieses Thema nicht der CDU zu überlassen und bat den Innenminister, *Gerhard Glogowski*, für die Pressekonferenz einen Gesetzesentwurf zu erarbeiten. *Glogowski* war ein Befürworter der Eingleisigkeit. Als Oberbürgermeister Braunschweigs, einer der größten Städte Niedersachsens, wußte er um den Arbeitsaufwand und die Belastungsgrenzen des ehrenamtlichen Bürgermeisters. Die SPD-Fraktion wurde nachträglich über diese Schritte informiert.

Wulff wiederum erfuhr im Vorfeld vom Pressefrühstück *Bruns*' und bedankte sich für die Zustimmung der SPD zu "*seinem*" Vorschlag beim eigenen Pressebrunch wenige Stunden später.[243]

Auf ihrem außerordentlichen Landesparteitag beschloß die niedersächsische SPD am 18.03.1995 in Hannover die umfassende Reform der NKV. Ziel war unter anderem die Einführung der Eingleisigkeit mit der Direktwahl der Hauptverwaltungsbeamten.[244] Da *Johann Bruns* nicht mehr Landesvorsitzender war, trug *Gerhard Schröder* als Ministerpräsident und Landesvorsitzender der SPD Niedersachsens diesen Vorschlag vor. *Bruns* wollte für die kleinen Gemeinden an der Zweigleisigkeit festhalten und nur in den großen Städte und in den Landkreisen die Eingleisigkeit einführen. So sollte es möglich bleiben, unterschiedliche politische Gegebenheiten bei den kommunalen Größenordnungen auch unterschiedlich zu behandeln. *Schröder* war hingegen der Meinung: Ganz oder gar nicht.

Die Parteitagsdiskussion wurde fast ausschließlich von den Verfechtern des Status quo bestimmt. Als ihr Wortführer tat sich der Oberbürgermeister der Landeshauptstadt Hannover, *Herbert Schmalstieg*, hervor. Über den Delegierten hing aber das von *Wulff* aufgehängte Damoklesschwert des "Volksbegehrens". *Schröder* warnte daher die Delegierten in seiner Rede vor einer zu erwartenden massenwirksamen Kampagne der CDU sowie vor der Demontage seiner für die SPD so wichtigen eigenen Per-

---

[243] Eckart Spoo, Wer anderen ein Bein stellt, a.a.O.

[244] SPD Niedersachsen, Beschluß des Außerordentlichen SPD-Landesparteitages zur Kommunalverfassung, 18.03.1995.

son.[245] Er erklärte, wenn die CDU für die Direktwahl der Bürgermeister eintrete und die SPD nicht, dann könnte es ja so aussehen, als hätten die Sozialdemokraten Angst vorm Volk. Unter solchen Bedingungen sei ihm nicht zuzumuten, den Wahlkampf für die Kommunalwahl 1996 zu bestreiten.[246] Diese Drohung gab den Ausschlag. *Schröders* Vorschlag wurde nach zweistündiger Debatte und nach wiederholter Stimmenauszählung von den Delegierten mit 95 zu 87 Stimmen sehr knapp angenommen.[247] Die für die Verwaltungsführung erforderlichen Qualifikationen und Anforderungen mußten dem Parteitagsbeschluß zufolge nicht in der Person des direkt gewählten Bürgermeisters garantiert sein. Sie konnten auch durch die Zuarbeit leitender Beamter erbracht werden.[248]
Schröder beteuerte später in einer Regierungserklärung, daß die SPD eine Änderung der Kommunalverfassung nur "*auf der Basis einer breiten Mehrheit*" anstrebe. Auch der SPD-Landesgeschäftsführer *Senff* war der Auffassung, daß die Änderung der Gemeindeordnung nicht "*auf Biegen und Brechen nur mit Ein-Stimmen-Mehrheit der SPD durchgepeitscht werden*" dürfe.[249]

Fazit: Die letztendlich vom Christdemokraten *Christian Wulff* als Wahlkampfthema aufoktroyierte Idee der Eingleisigkeit setzte sich in der SPD auf Druck ihres Spitzenkandidaten *Gerhard Schröder* in zähen Auseinandersetzungen durch. Fester Vorsatz der SPD war es dabei, diese Kommunalverfassungsreform auf breiter Mehrheitsgrundlage umzusetzen.

---

[245] Eckart Spoo, Wer anderen ein Bein stellt, a.a.O.
[246] Stefan Dietrich, Mit hauchdünner Mehrheit ein dickes Brett durchbohren, Frankfurter Allgemeine, 27.02.1996.
[247] Gerd Wölecke, SPD-Votum für Direktwahl, Nordsee-Zeitung, 20.03.1995; Klaus Wallbaum, Nur knapp siegt Schröders Konzept der starken Köpfe, Hannoversche Allgemeine Zeitung, 20.03.1995.
[248] SPD Niedersachsen, Beschluß des Außerordentlichen SPD-Landesparteitages zur Kommunalverfassung, 18.03.1995.
[249] Stefan Dietrich, a.a.O.

3.2.2.3. Estimation in der FDP

Nach Auffassung der FDP würde die Eingleisigkeit das "*Machtmonopol der großen Parteien*" festigen. Aus diesem Grund lehnte die FDP die Eingleisigkeit ab.[250]

3.2.2.4. Estimation bei dem Bündnis 90/Die Grünen

Bündnis 90/Die Grünen vermieden es, sich in der Frage der Ein- oder Zweigleisigkeit im Wahlprogramm für die Landtagswahl 1994 festzulegen. Die Arbeit der EKkV sollte ihrer Meinung nach bis zu den Kommunalwahlen 1996 beendet sein. Sie legten ihre Reformschwerpunkte auf die Stärkung der Gemeinden im Verhältnis zu Land, Bund und EU sowie auf die Erweiterung der Rechte einzelner Bürger gegenüber dem Rat und der Verwaltung.[251]

Die Diskussion über Ein- oder Zweigleisigkeit wurde Bündnis 90/Die Grünen aufgezwungen. Sie waren zwar, wie dargestellt, für die Reform der NKV, aber nicht für eine Reform im Sinne der Sozialdemokraten. In dem Beschluß des Landesparteitages der niedersächsischen SPD vom 18.03.1995 sahen Bündnis 90/Die Grünen eine "*Absage an* (die) *kommunale Demokratie und* (eine) *Kampfansage an rot-grün*".[252] Der Beschluß der Landesdelegiertenkonferenz am 20./21.05.95 war für die Position der Partei bezeichnend. Darin forderten die Delegierten:

- die umfassende Verbesserung der Bürgerbeteiligung,
- die Stärkung der kommunalen Parlamente,

---

[250] Bert Strebe, Knappe Mehrheit der SPD für Schröders Kommunalreform, Hannoversche Allgemeine Zeitung, 20.03.1995.

[251] Bündnis 90/Die Grünen Niedersachsen, Das Grüne Programm: Landtagswahl 1994, Hannover, S.37.

[252] Bündnis 90/Die Grünen Niedersachsen, Grüne: SPD-Landesparteitag war Absage an kommunale Demokratie und Kampfansage an rot-grün, in: Pressemitteilung Nr.90, 20.03.1995.

- die Veränderung des Kommunalwahlrechts sowie
- die Ablehnung der von der SPD geplanten Direktwahl einer eingleisigen Verwaltungsspitze.

Mit der Eingleisigkeit sahen Bündnis 90/Die Grünen die Gefahr, daß das Modell des "*absoluten Schröder*" auf die Kommunen übertragen würde. Sie sahen in der Idee, Eingleisigkeit und Direktwahl als "*mehr Demokratie*" auszugeben, den Versuch, die Bevölkerung zu täuschen, die Bedeutung der Kommunalparlamente zu schwächen und in den Gemeinden eine Art Präsidialdemokratie zu errichten.
Die Erfahrungen anderer Bundesländer zeigten ihrer Meinung nach, daß der hauptamtliche Bürgermeister/Landrat als einsamer Macher an der Spitze weitgehend unabhängig vom Kommunalparlament agiere und das kommunalpolitische Geschehen beherrsche. Faktisch sei dann nicht mehr die kommunale Volksvertretung, sondern die Verwaltungsspitze oberstes Organ der Gemeinde. Bündnis 90/Die Grünen forderten demgegenüber eine Verfassung, die möglichst viele Menschen ermutigte, sich in die Kommunalpolitik einzumischen und die Lebensverhältnisse in den Gemeinden zu gestalten.[253]

Im Wahlkampf 1998 wurde dieses Thema erstmalig auf Landesebene aufgegriffen. Die Grünen forderten die Rückkehr vom "*Superbürgermeister*" hin zur Zweigleisigkeit. Die Machtfülle der neuen Bürgermeister müsse reduziert und die Kontrollfunktion von Verwaltungs- und Kreisausschuß wieder hergestellt werden. Die Stelle des Bürgermeisters müsse grundsätzlich als teilbar angesehen werden. Es sollte möglich werden, daß sich zwei Personen diese Funktion teilen.[254]

---

[253] Beschluß der Landesdelegiertenkonferenz von Bündnis 90/Die Grünen Niedersachsen, 20./21.05.95.
[254] Bündnis 90/Die Grünen Niedersachsen, Landeswahlprogramm 1998, Hannover 1997, S.50.

Fazit: Bündnis 90/Die Grünen waren für eine Kommunalverfassungsänderung, sahen aber keine Notwendigkeit zur Abschaffung der Zweigleisigkeit. Diese Diskussion wurde ihnen aufgezwungen. In der Einführung der Direktwahl und in der Eingleisigkeit sahen sie die Gefahr einer Machtverschiebung zu Gunsten der großen Parteien.

3.2.2.5. Estimation des Ministeriums des Innern

Am 15.05.1991 legte die Arbeitsgruppe "*Novellierung der Kommunalverfassung*" des Ministeriums des Innern ihren Abschlußbericht vor.
Die Arbeitsgruppe äußerte sich darin zum Diskussionspunkt Direktwahl und Amtszeit der Bürgermeister/Landräte. Durch die Direktwahl würde

- ein stärkerer Personenbezug entstehen, der die Demokratie sowie die kommunale Selbstverwaltung stärken würde,
- eine stärkere Bindung des Bürgermeisters/Landrates an die Wähler erfolgen, da die Amtsträger stärker um ihre Wiederwahl bemüht seien,
- der Bürgermeister/Landrat eine größere Unabhängigkeit gegenüber den Parteien erhalten und
- der Bürgermeister eine integrierende Funktion im Rat ausüben.

Bezogen auf die Amtszeit des Bürgermeisters schlug die Arbeitsgruppe eine Periode von acht Jahren vor. Diese Zeitspanne sei

- ausreichend für eine kontinuierliche Arbeit der Verwaltung und
- für die demokratische Legitimation des Ausführungsorgans noch vertretbar.[255]

Fazit: Die Arbeitsgruppe des Innenministeriums äußerte sich 1991 nicht zum Thema Ein- bzw. Zweigleisigkeit, sprach sich aber für die Direktwahl der Bürgermeister und Landräte aus.

---

[255] Niedersächsisches Ministerium des Innern, Abschlußbericht der Arbeitsgruppe "Novellierung der Kommunalverfassung", in: NLT, Vorlage 15 zur Drs 735.

3.2.2.6. Estimation des Landeswahlleiters

Am 23.01.1992 legte der Landeswahlleiter der EKkV eine Ausarbeitung zu den Auswirkungen einer debattierten Sperrklausel für die Kommunalwahlen und zum Wahlverhalten der Wähler beim Kumulieren bzw. Panaschieren vor.

Im Falle der Einführung einer Sperrklausel von 5% wären

- die FDP, die zu dem damaligen Zeitpunkt in allen Kommunalen Vertretungen Sitze hatte, in elf Landkreisen sowie zwei kreisfreien Städten nicht mehr vertreten,
- die Grünen, zum damaligen Zeitpunkt in 24 Landkreisen und sieben kreisfreien Städten vertreten, nur noch in sechs Landkreisen und fünf kreisfreien Städten vertreten,
- die insgesamt zu diesem Zeitpunkt 27 Wählergruppen, vertreten in 20 Landkreisen und zwei Kreisfreien Städten, dann nur noch in drei Landkreisen und zwei kreisfreien Städten vertreten.

Ähnliches galt auch für die sonstigen kleinen Parteien.

Für die Handhabung des Kumulierens und Panaschierens wurde die Kreiswahl vom 27.09.1981 untersucht. Bei dieser Wahl wurden 112.622 gültige Stimmen abgegeben.

Eine deutliche Mehrheit der Wähler kumulierten, das heißt, sie gaben ihre Stimme den Kandidaten. Die auf den vorderen Plätzen der Parteien befindlichen Personen wurden bevorzugt gewählt. Die Spitzenkandidaten erhielten in der Regel weit über 50% der Stimmen.

Beim Panaschieren, der Möglichkeit zur Verteilung der Stimmen auf mehrere Parteien, entfielen 87,3% der Stimmen auf eine Partei.[256]

Fazit: Der Landeswahlleiter äußerte sich weder zum Thema Direktwahl noch zur Diskussion um die Ein- bzw. Zweigleisigkeit. Er diskutierte

[256] Niedersächsischer Landeswahlleiter, Schreiben vom 23.01.1992, in: NLT, Vorlage 28 zur Drs 735.

andere Wahlmodalitäten und trug diese der EKkV vor. Dem Ergebnis seiner Untersuchung zufolge gaben die Wähler überwiegend ihre Stimmen einer Partei (Panaschieren) und stimmten den Vorgaben der Parteien bei der Kandidatenkür (Kumulieren) zu. Das Medienwerk belegte somit die Schlüsselrolle der Parteien auch bei den Kommunalwahlen.

3.3. ENQUETE-KOMMISSION-KOMMUNALVERFASSUNG

3.3.1. Einrichtung

In seiner Eröffnungsrede vor dem Ausschuß für innere Verwaltung sagte der Niedersächsische Innenminister *Glogowski* am 06.11.1990, daß in den Fraktionen seiner Meinung nach Vorbereitungen zur Einrichtung einer Enquete-Kommission zur Überprüfung der Reformbedürftigkeit des niedersächsischen Kommunalverfassungsrechts liefen. Er würde es sehr begrüßen, führte er aus, "*wenn mit der Novellierung der NGO und NLO ein echtes Kommunalverfassungsrecht geschaffen würde, das darauf ausgelegt ist, eine dauerhafte Regelung zu sein, die nicht den Opportunitätserwägungen des politischen Tagesgeschäftes unterworfen ist*".[257] Die treibende Kraft für das Aufblühen dieser Diskussion und somit der ausschlaggebende Anlaß für diese Idee einer Kommission war der dringende Wunsch der Oberkreisdirektoren und Gemeindedirektoren, die geringen und hauptsächlich repräsentativen Aufgaben der Landräte und Bürgermeister an sich zu ziehen, so dass deren Ämter überflüssig würden. Sie wollten die Eingleisigkeit.[258]

---

[257] NSL, APr iV 12/8, 06.11.1990, S.12.
[258] Eckart Spoo, Rechte nach unten verlagern, Frankfurter Rundschau, 13.05.1994.

3.3.2. Einsetzungsanträge

Alle Fraktionen reichten am 16.01.1991 mit der Drucksache 12/735 geschlossen einen Antrag zur *Einsetzung einer Enquete-Kommission zur Überprüfung der Reformbedürftigkeit des niedersächsischen Kommunalverfassungsrechts* (EKkV) gemäß § 18a GOLT ein. Die Kommission sollte eine Bestandsaufnahme des Kommunalverfassungsrechts und seiner Praxis in NdS durchführen. Darauf aufbauend sollten Möglichkeiten geprüft werden, in welcher Form die NKV weiterentwickelt werden könnte. Besonders hervorgehoben wurde die Prüfung von Änderungen des Kommunalverfassungsrechts

- für eine Verbesserung der Verwaltungsführung,
- für bessere Wirkungsmöglichkeiten der kommunalen Mandatsträger und
- für eine verstärkte Bürgerbeteiligung.

Gemäß Vorgabe sollte die Berichtsvorlage der EKkV bis zum 31.12.1992 erfolgen. Die Zusammensetzung der Kommission sollte Sachverständige beteiligen. Ihre Sitzungen sollten öffentlich stattfinden.
Als ordentliche Mitglieder sollten der EKkV vier Abgeordnete aus der SPD-Fraktion, drei aus der CDU-Fraktion sowie jeweils ein Abgeordneter der FDP und der Grünen angehören. Die Anzahl der Stellvertreter entsprach der Zahl der ordentlichen Mitglieder. Der EKkV sollten des weiteren drei Sachverständige als Mitglieder angehören.[259]

Der Antrag der Fraktionen wurde vom NdS Landtag in seiner 17.Plenarsitzung am 25.01.1991 zur Vorbereitung des Einsetzungsbeschlusses an den Ältestenrat (ÄR) überwiesen.[260] In der achten Sitzung des ÄR am 13.02.1991 wurde über die Benennung der Kommissionsmitglieder einschließlich der Sachverständigen Einvernehmen erzielt. Nicht zuletzt die

---

[259] NSL, Drs 12/735, 16.01.1991.
[260] NSL, PlPr 12/17, 25.01.1991, S.1383ff.

hohe Anzahl der Abgeordneten, die zusätzlich noch ehrenamtliche Bürgermeister und Landräte waren, verbürgte eine skeptische Haltung zur Eingleisigkeit.
Wie schon in der Drs 12/735 vorgesehen, wurden für die Sachverständigen, wenn sie aus irgend welchen Gründen an den Sitzungen der EKkV nicht teilnehmen könnten, keine Vertreter vorgesehen. Sie sollten den gesamten Prozeß durchgehend begleiten. Die Beschlußempfehlung des Ältestenrates entsprach dem Antrag der Fraktionen.[261] Auf die Berichterstattung im Plenum wurde verzichtet.[262]

In der 18.Plenarsitzung am 20.02.1991 kam es im Landtag zu Unruhe. Die Fraktionen hatten sich schon im Vorgriff auf den Tagesordnungspunkt 11, die Einsetzung einer Enquete-Kommission, darauf geeinigt, daß dieser Punkt nicht in der laufenden Sitzung, sondern erst zwei Tage später beraten werden sollte. Ein Grund dafür waren Änderungsanträge der FDP (Drs 12/936[263]) sowie der CDU (Drs 12/937[264]) zu den Beschlußempfehlungen des ÄR. Diese setzten sich mit der Frage auseinander, ob und unter welchen Voraussetzungen die Sitzungen der EKkV öffentlich stattfinden sollte. Die FDP sprach sich dafür aus, die Sitzungen grundsätzlich öffentlich durchzuführen. Der Ausschluß der Öffentlichkeit sollte aber mit Zweidritteln der Stimmberechtigten möglich sein. Die CDU forderte nichtöffentliche Sitzungen, wobei die EKkV mit Zweidrittelmehrheit beschließen könnte, daß einzelne Sitzungen ganz oder teilweise öffentlich durchgeführt werden.
Die Entscheidung wurde mit dem Hinweis des Landtagsvizepräsidenten Blanke vertagt, daß er vermute, "*man versucht noch zu einer gemeinsamen Lösung zu kommen*".[265]

---

[261] NSL, Drs 12/893, 13.02.1991.
[262] NSL, APr ÄR 12/8, 13.02.1991, S.3ff.
[263] NSL, Drs 12/936, 20.02.1991.
[264] NSL, Drs 12/937, 20.02.1991.
[265] NSL, PlPr 12/18, 20.02.1991, S.1466.

In der 20.Plenarsitzung am 22.02.1991 fand die Diskussion um die Öffentlichkeit der Kommissionsarbeit statt.
Der *Abgeordnete (Abg.)Eveslage* (CDU) sprach sich grundsätzlich gegen die öffentliche Arbeit der EKkV aus; die fachliche Arbeit werde so erschwert. "*Die notwendige Fachdiskussion würde aus der dafür bestimmten Enquete-Kommission in vorbereitende Arbeitskreise ausgelagert, die eben dann nicht in der Öffentlichkeit tagen und die Öffentlichkeit ausdrücklich ausschließen*". Er verwies auf den Änderungsantrag der CDU Drs 12/937.
Der *Abg.Rehkopf* (FDP) begründete die Forderung seiner Fraktion, daß von Anfang an darauf geachtet werden sollte, daß die Öffentlichkeit an der Beratung einer neuen Kommunalverfassung teilhaben könne. "*Es sollte auch nicht der Eindruck entstehen, daß die Neuerung im Kommunalrecht – Gemeindeordnung, Landkreisordnung – hinter verschlossenen Türen ausgehandelt werden.*"
Der *Abg.Bartling* (SPD) unterstützte, auch im Namen seiner Fraktion, den Antrag der FDP. In der Konsequenz sah er aber einige Probleme. "*Ich gehe davon aus, daß wir durch die darin enthaltene Zwei-Drittel-Möglichkeit, auch nichtöffentlich zu tagen, den Beratungsgang der Enquete-Kommission nicht durch immerwährende Öffentlichkeit – ich sage jetzt einmal – behindern.*"
Die Beschlußempfehlung des Ältestenrates Drs 12/893 wurde mit dem Änderungsantrag der FDP Drs 12/936 vom Landtag angenommen, die EKkV somit eingesetzt.[266]
Am 11.03.1991 berief der Präsident des Niedersächsischen Landtags offiziell die Mitglieder der Enquete-Kommission zur Überprüfung des niedersächsischen Kommunalverfassungsrechts.

---

[266] NSL, PlPr 12/20, 22.02.1991, S. 1658ff.

	Mitglieder mit Stimmrecht	Stellvertretende Mitglieder
SPD	Bartling, Heiner	Dr. Eilers, Hans-Heinrich
	Deike, Friedrich	Kirschner, Werner
	Oppermann, Thomas	Lübben, Ilse
	Schmalstieg, Herbert	Theilen, Bernd
CDU	Eveslage, Hans	Brunkhorst, Wilhelm
	Isernhagen, Gustav	Kuhlmann, Helmut
	Jahn, Ernst-Henning	Dr. Schneider, Hans Ulrich
FDP	Rehkopf, Kurt	Lenke, Ina
Grüne	Kemomann, Johannes	Jordan, Erwin

Abbildung 10: Mitglieder Enquete-Kommission

Mit beratender Stimme wurden die Professoren *Dr. Heiko Faber* von der Universität Hannover, *Dr. Dietrich Rauschning* von der Universität Göttingen sowie *Dr. Karl-Heinz Naßmacher* von der Universität Oldenburg als Mitglieder berufen.[267]

3.3.3. Konstituierung

In der ersten Sitzung am 18.03.1991 konstituierte sich die Enquete-Kommission. Als Vorsitzender wurde *Heiner Bartling* von der SPD-Fraktion berufen. Der stellvertretende Vorsitz stand den Christdemokraten zu. Die CDU-Fraktion nominierte dafür den *Abg.Kurt Rehkopf* von der FDP-Fraktion.

Im Rahmen der Erörterung grundsätzlicher Fragen zur Arbeitsweise und der Verfahren zur Erledigung der gestellten Aufgaben wurde u.a. festgelegt, daß die Kommission mit fünf stimmberechtigten Mitgliedern beschlußfähig sei.

---

[267] NSL, Drs 12/1020, 11.03.1991.

Bartling wiederholte bei der Eröffnung den durch den Landtag erteilten Auftrag an die Mitglieder der EKkV. Er wies darauf hin, daß es das Ziel sei, bis zum Ende 1992 ein Arbeitsergebnis vorzulegen. Die Tagungen der EKkV würden grundsätzlich öffentlich stattfinden, Ausnahmen seien aber möglich. Die substantielle Arbeit werde sich in drei Phasen aufteilen. Zunächst einmal sollte eine Bestandsaufnahme durchgeführt werden. In der zweiten Phase sollte dieser Befund dann erörtert und in der dritten Phase sollten schließlich Vorschläge erarbeitet werden.[268]

In der zweiten Sitzung am 23.04.1991 trugen die Sachverständigen ihre Vorstellungen zum Auftrag der EKkV sowie ihre Sicht der Vor- und Nachteile der gültigen KV vor. Professor *Dr.Faber* erwähnte zum Thema Zweigleisigkeit, daß diese nicht nur von den Hauptverwaltungsbeamten, sondern in den letzten Jahren teilweise auch von Bürgermeistern als reformbedürftig bewertet worden sei. *Faber* wies auf den zyklischen Charakter der Diskussion um die Gemeindespitze hin: die Zeit von 1945-55; die Gesetzesinitiative der CDU 1961/62; die Literatur zur Thieme-Kommission; sowie im Kontext mit der Kommunalreformdebatte in NRW das Wiederaufleben der Diskussion mit einem Gutachten des Sachverständigenrates der Konrad-Adenauer-Stiftung.[269]

3.3.4. Anhörung von Verbänden

In der siebten Sitzung der Kommission am 29.10.1991 wurden die Fachverbände angehört.
Ein Vertreter des Niedersächsischen Städte- und Gemeindebundes sprach sich u.a. für die Beibehaltung der Zweigleisigkeit aus, die sich bewährt habe.[270]

---

[268] NSL, APr EKkV 12/01, 18.03.1991, S.3f.
[269] NSL, APr EKkV 12/2, 23.04.1991, S.3ff.
[270] NSL, APr EKkV 12/7, 29.10.1991, S.7.

Der Niedersächsische Städtetag entsandte zwei Vertreter zur Anhörung. Einer davon sprach sich im Namen seines Verbands für den Übergang zur Eingleisigkeit und zur Direktwahl des Bürgermeisters aus.[271]
Der Vertreter des Niedersächsischen Landkreistages vertrat die Meinung, das bestehende System sollte nicht neu geschaffen, sondern verbessert werden.[272]

3.3.5. Reisen

In einer Pause der elften Sitzung am 25.02.1992 diskutierten die Mitglieder der EKkV informell und deshalb ohne Protokollführung die Umstrukturierung der Verwaltungsspitze.
Nach dieser Pause erörterte die EK ihr weiteres Arbeitsprogramm. Der Vorsitzende *Bartling* schlug vor, einmal mittelgroße Städte in Hessen und Baden-Württemberg zu bereisen, um einen Einblick in die dortige Praxis der Verwaltungsführung zu gewinnen. Des weiteren könnte man eine mittelgroße Stadt in Großbritannien besuchen, um sich *"zu den Ursprüngen der Kommunalverfassung in Niedersachsen zu begeben"*.
Die Mitglieder der EKkV unterstützten diesen Vorschlag und nahmen einen Besuch Hessens und Baden-Württemberg in Aussicht. Wenn danach noch gewünscht, wollten sie nach Großbritannien reisen.[273]

In der 13.Sitzung am 31.03.1992 wurden die Sachverständigen zu dem Thema: *"Verbesserung der Verwaltungsführung – Eingleisigkeit oder Zweigleisigkeit?"* angehört. Als Einführung in die Thematik wurde ein Streitgespräch gewählt. Als Partei für die Eingleisigkeit sprach *Dr.Hoffmann*, er war ehemals Samtgemeindedirektor in Hemmoor, als Anwalt für die Zweigleisigkeit *Dr.Schlebusch*, der sowohl in den alten und

---

[271] Ebd., S.25ff.
[272] Ebd., S.45ff.
[273] NSL, APr EKkV 12/11, 25.02.1992, S.17.

den neuen Bundesländern juristische Erfahrungen mit Kommunalverwaltungen gesammelt hatte.[274]

Die 16.Sitzung am 18.08.1992 diente zur Vorbereitung der Reise nach Weil, Mannheim und Wiesbaden. Es wurde darauf hingewiesen, daß in Baden-Württemberg die Süddeutsche Ratsverfassung angewandt wird, deren namhafter Befürworter Gerhard Banner[275] sei. Ein Mitarbeiter des Gesetzgebungs- und Beratungsdienstes (GBD) trug die Hauptmerkmale dieser Verfassungen vor und beantwortete anschließend Fragen der Kommissionsmitglieder zur Kommunalverfassung in Baden-Württemberg.[276]

Die Mitglieder der EKkV besuchten im Spätsommer, vom 26. bis 28.08.1992, die Städte Weil am Rhein (Baden-Württemberg)[277], Mannheim (Baden-Württemberg)[278] sowie Wiesbaden (Hessen)[279]. An jedem Besuchstag führten sie Gespräche mit Vertretern dieser Städte. Am Beispiel der baden-württembergischen Kommunalverfassung informierten sie sich vor Ort über die Süddeutsche Ratsverfassung. Des weiteren wurde die Volkswahl als prägendes Element dieser Systeme beleuchtet. Wiesbaden wurde exemplarisch für die Magistratsverfassung und ihre Organe betrachtet.

Die Ergebnisse der Reise wurden in der 20.Sitzung am 16.09.1992 besprochen. Der Vorsitzende sagte einleitend zum Thema, ihn habe beim Besuch der beiden Städte in Baden-Württemberg besonders beeindruckt, daß die dortige Stellung des Verwaltungschefs im Hinblick auf die politische Kultur in Niedersachsen mit einem Fragezeichen zu versehen sei. Von

---

[274] NSL, APr EKkV 12/13, 31.03.1992.
[275] Banner wird als intellektuelle Zündfunke für die Kommunalverfassungsdebatte in NRW angesehen; Vgl. Guido Freis, a.a.O., S.120.
[276] NSL, APr EKkV 12/16, 18.08.1992, S.3ff.
[277] NSL, APr EKkV 12/17, 26.08.1992.
[278] NSL, APr EKkV 12/18, 27.08.1992.
[279] NSL, APr EKkV 12/19, 28.08.1992.

den Vertretern der Räte sei dargelegt worden, wie wenig sie an der Gestaltung des Gemeindelebens öffentlichkeitswirksam teilhaben könnten.
In Hessen habe ihn das "*völlige Chaos*" der Kommunalverfassung mit Blick auf die Verwaltungsspitze beeindruckt. Die Direktwahl der Oberbürgermeister und die Magistratsverfassung schienen ihm nicht zueinander zu passen.
Bartling faßte zusammen, es habe sich insgesamt wohl bei allen Teilnehmern der Reise der Eindruck verfestigt, daß eine direkte Übernahme der in BW oder HE praktizierten Systeme angesichts der niedersächsischen Erfahrungen nicht in Frage kommen.[280]
Abschließend kamen die Mitglieder überein, daß es nicht die Aufgabe der Kommission sei, in der laufenden Sitzung für oder gegen die Zweigleisigkeit zu entscheiden. Vielmehr sollten die Schwachstellen der bestehenden KV erörtert werden.[281]

3.3.6. Stellungnahme

Gleich zu Beginn der 27.Sitzung am 26.01.1993 sprachen sich vier Kommissionsmitglieder beim Thema: "*Verbesserung der Verwaltungsführung – Eingleisigkeit oder Zweigleisigkeit*" für die Beibehaltung der Zweigleisigkeit aus. Am Ende der Diskussion stellte der Vorsitzende fest, daß die Kommission in ihrer damaligen Zusammensetzung - bekanntlich habe der *Abg.Oppermann* (SPD) hierzu eine andere Position vertreten - eindeutig für die Beibehaltung der Zweigleisigkeit in der Verwaltungsführung in NdS eintrete.[282] In der 29.Sitzung am 30.02.1993 wurde die Stärkung der ehrenamtlichen Elemente gefordert.[283]

---

[280] NSL, APr EKkV 12/20, 16.09.1992, S.3.
[281] Ebd., S.11ff.
[282] NSL, APr EKkV 12/27, 26.01.1993.
[283] NSL, APr EKkV 12/29, 30.02.1993.

3.3.7. Zwischenbericht Gesetzgebungs- und Beratungsdienst

Am 16.04.1993 legte der Gesetzgebungs- und Beratungsdienst des Niedersächsischen Landtages einen Zwischenbericht vor.

Sitzung	Datum	Tagesordnungspunkt
7.	29.10.91	Anhörung kommunaler Spitzenverbände
10.	28.01.91	Verfahrensfragen
13.	31.03.92	Anhörung von Sachverständigen
16.	18.08.92	Vorbereitung der Informationsreise nach Weil, Mannheim und Wiesbaden
17.	26.08.92	Informationsreise
18.	27.08.92	Informationsreise
19.	28.08.92	Informationsreise
20.	16.09.92	Ergebnisbesprechung der Informationsreise
27.	26.01.93	Verbesserung der Verwaltungsführung
28.	03.02.93	Verbesserung der Verwaltungsführung

Abbildung 11: Aufstellung Sitzungen EKkV durch GBD

Er führte zur Kommunalspitze das Vorliegen folgender Stellungnahmen auf:

- Vorschlag des Niedersächsischen Städtetages durch deren Vertreter in der 7.Sitzung. Dieser sprach sich für die Abschaffung des Gemeindedirektors aus.[284]
- Schreiben der IHK Hannover/Hildesheim an den Abgeordneten Bartling als Vorlage 38.[285]
- Stellungnahme eines ehemaligen Gemeindedirektors als Sachverständiger in der 13.Sitzung. Dieser sprach sich für die Eingleisigkeit aus.

---

[284] NSL, APr EKkV 12/7, 29.10.1991.

[285] s.2.2.1.3.

Der Gesetzgebungs- und Beratungsdienst führte abschließend aus, daß sich die EKkV in der 27.Sitzung eindeutig für die Beibehaltung der Zweigleisigkeit ausgesprochen habe.[286]

3.3.8. Reaktion

Auf die Initiativen des CDU-Spitzenkandidaten *Christian Wulff* sowie des SPD-Fraktionsvorsitzenden *Johann Bruns* reagierte die EKkV in ihrer 43.Sitzung am 22.10.1993.
Der Vorsitzende stellte einleitend fest, daß die Berichterstattung der Medien und die Pressemitteilungen *Wulffs* und *Bruns*' allenfalls ansatzweise auf die Arbeit der EKkV eingegangen seien. Seiner Meinung nach sei die erneute Bearbeitung der Kommunalspitzen nicht notwendig.
Ein Mitglied der Kommission bewertete die Situation anders. Es sprach sich für ein erneutes Aufgreifen der Doppelgleisigkeitsfrage aus: "*wenn in den beiden großen im Landtag vertretenen Parteien eine solche Kehrtwendung, wie sie in den Vorschlägen des Vorsitzenden der SPD-Fraktion und des Spitzenkandidaten der CDU zum Ausdruck komme, vollzogen werde, dann müsse sich die Enquete-Kommission, ob sie wolle oder nicht, damit befassen.*"
Ein anderes Kommissionsmitglied betonte hingegen, das Selbstverständnis der Enquete-Kommission verbiete es eigentlich, sich von der öffentlichen bzw. veröffentlichten Meinung beeinflussen zu lassen.[287]
Der Vorsitzende ging abschließend auf diese Stellungnahme ein und schlug vor, in Zusammenarbeit mit dem Gesetzgebungs- und Beratungsdienst eine Presseerklärung der Enquete-Kommission zu entwerfen. Darin sollten die wesentlichen Gründe für die Beibehaltung des bestehenden Systems herausgehoben werden. Er stellte fest, daß sich die Enquete-Kommission über die öffentliche Diskussion freue.[288]

---

[286] NSL, GBD, Vorl. 62 zur Drs 735, 16.04.1993.
[287] NSL, APr EKkV 12/43, 22.10.1993, S.3.
[288] Ebd., S.7.

Offiziell bedauerte die Enquete-Kommission das Ignorieren ihrer mit wissenschaftlicher Begleitung erarbeiteten Beratungsergebnisse beim Vorstoß beider Politiker.[289]

3.3.9. Abschlußbericht

Der Vorsitzende vertrat am 01.02.1994 in der 46.Sitzung die Meinung, angesichts der aktuellen Diskussion über die Eingleisigkeit/Zweigleisigkeit stehe die Enquete-Kommission sicherlich nicht unter Druck, ihren Abschlußbericht noch vor der kommenden Landtagswahl vorzulegen. Dies sei im übrigen mit Blick auf die Arbeitsauslastung der Landtagsverwaltung und des Gesetzgebungs- und Beratungsdienstes kaum möglich.[290]

In der 49.Sitzung, am 06.05.1994, wurde ein Berichtstext erarbeitet.[291] Der Abschlußbericht umfaßte 156 Seiten und beinhaltete u.a. folgende Punkte, die aber nicht durchweg von allen Kommissionsmitgliedern getragen wurden:

- Die bestehende Zweigleisigkeit der Verwaltungsführung in Form ehrenamtlicher (Ober-) Bürgermeister und hauptamtlich tätiger Gemeindedirektoren sollte beibehalten werden.
- Keine Direktwahl der Verwaltungsspitze.
- Die KV sollte nicht nach Größe der Kommunen zwischen dem dualen und dem eingleisigen Führungssystem differenzieren.
- Bei der Wahl der Räte sollte zu einer mit der Personenwahl verbundenen Listenwahl zurückgekehrt werden; die Möglichkeit, bis zu drei Stimmen für einen oder mehrere Kandidaten zu kumulieren, sollte bleiben; dem Wähler sollte zusätzlich die Möglichkeit eröffnet werden, nicht nur für einzelne Bewerber, sondern auch für einen Wahlvorschlag insgesamt zu votieren.

---

[289] Ebd., S.3ff.
[290] NSL, APr EKkV 12/46, 01.02.1994.
[291] NSL, APr EKkV 12/49, 06.05.1994.

- Empfehlung einer 5%-Sperrklausel bei Kommunalwahlen.
- Verkürzung der Amtszeit der Hauptverwaltungsbeamten auf sechs oder acht Jahre.
- In das niedersächsische Kommunalverfassungsrecht sollten das Bürgerbegehren sowie der Bürgerentscheid eingeführt werden.

Das SPD-Kommissionsmitglied *Thomas Oppermann* sprach sich in einem Minderheitenvotum für die Einführung der Eingleisigkeit der Gemeindespitze sowie für die Urwahl des Verwaltungschefs aus. Seiner Ansicht nach gewährleistete die Direktwahl eines mit wirklichen Kompetenzen ausgestatteten Bürgermeisters "*eine optimale Mitwirkung der Bürger*".[292]

3.3.10. Bewertung

Die Arbeit der Enquete-Kommission dauerte dreieinhalb Jahre, in denen sich das Gremium zu nahezu 50 Sitzungen zusammenfand.[293] In dieser Zeitspanne beleuchtete sie andere Kommunalverfassungen und holte Stellungnahmen Dritter ein. Sie sprach sich in ihrem Abschlußbericht für die Beibehaltung der Doppelspitze und gegen die Direktwahl aus. Ihr Votum wurde aber nur von einer knappen Mehrheit in der Enquete-Kommission getragen. Diese Spaltung spiegelte den parteienübergreifenden Riß im Meinungsbild des Landtages wieder.
Bereits die Zusammensetzung der Enquete-Kommission war auf ein bestimmtes Ergebnis disponiert. Überwiegend wurden Befürworter des Status quo berufen. Mit ihrem Arbeitsergebnis widersetzte sich die Kommission nicht nur den Vorstellungen einiger führender Regierungs- und Oppo-

---

[292] O.V., Bürger sollen in kommunalen Belangen mitentscheiden, Braunschweiger Zeitung, 13.05.1995.
[293] O.V., Unsere Empfehlung richtet sich gegen den Zeitgeist, Hannoversche Allgemeine Zeitung, 13.05.1995.

sitionspolitiker, sondern auch dem Wunsch ihrer eigentlichen Initiatoren, der Oberkreisdirektoren und Gemeindedirektoren.[294]
Trotz des großen Aufwandes, 49 Sitzungen, dem Besuch dreier Städte und der Option einer Informationsreise nach England, überraschte die Empfehlung der Enquete-Kommission nicht. Die meisten Kommissionsmitglieder blieben bei ihrer vorgefaßten Meinung.

3.4. GESETZESINITIATIVEN

3.4.1. Vorschaltgesetz

3.4.1.1. Erste Lesung

Am 17.05.1995 brachte Innenminister *Glogowski* für die Landesregierung den "*Entwurf eines Gesetzes zur Vorbereitung seines Gesetzes zur Fortentwicklung des niedersächsischen Kommunalverfassungsrechts*" in den Landtag ein.[295] Das Ziel dieses Gesetzes war es zu verhindern, daß künftig noch neue Verwaltungschefs in das zweigleisigen System eingesteuert werden konnten. Offene Leiterstellen sollten bis zur Einführung sowie Umsetzung des komplizierten Kommunalreformwerks vakant bleiben. Ein Auslöser für dieses zügige Handeln war der Meinungswandel des hannoverschen Oberbürgermeisters *Herbert Schmalstieg*. Vormals Gegner der Reform, hatte er an der Idee Gefallen gefunden, die Aufgaben seines damaligen Oberstadtdirektors *Jobst Fiedler* in Zukunft mit zu übernehmen. Da dessen Amtszeit bald auslaufen sollte und um eine Nachbesetzung zu verhindern, brachten die Sozialdemokraten diesen Gesetzentwurf ein.[296]

In seiner Rede zur Ersten Lesung bot *Glogowski* folgende Begründung: "*Die Meinungsbildung über die Frage der Direktwahl der Bürgermeiste-*

---

[294] Vgl. Eckart Spoo, Rechte nach unten verlagern, a.a.O.
[295] NSL, Drs 13/1030.
[296] Eckart Spoo, Wer anderen ein Bein stellt..., a.a.O.

rinnen und Bürgermeister ist soweit fortgeschritten, daß es notwendig ist, daß seitens des Gesetzgebers insofern eingegriffen wird, als er die Beratungssituation bis zur Verabschiedung eines Gesetzes so gestaltet, daß die Kommunen im Land nicht unnötigerweise Personalkosten produzieren, die letztendlich vom Steuerbürger bezahlt werden müssen." Es sei die "*hausväterliche Pflicht*" des Innenministers, so fuhr er fort, dem Niedersächsischen Landtag den Entwurf eines Gesetzes vorzulegen, um denjenigen, die das nicht so sähen, eine Zeitlang die Wiederwahl zu verwehren. Dabei erntete er den Zwischenruf aus der CDU: "*Und die Kommunen sind die kleinen Kinder?*". Im weiteren Verlauf seiner Rede ging *Glogowski* auf die Direktwahl ein und führte aus, Niedersachsen sei das letzte Land, das seinen Bürgerinnen und Bürgern das Recht nähme, die Leiter ihrer Gemeindeverwaltung selbst zu wählen.[297] Für Glogowski bedeutete die Möglichkeit der Direktwahl mehr Demokratie.[298]

Als nächstem Redner wurde dem *Abgeordneten Eveslage* von der CDU-Fraktion das Wort erteilt. Dieser wies gleich zu Beginn darauf hin, daß es Ziel der SPD sei, die Kommunalverfassung von der Zweigleisigkeit auf die Eingleisigkeit umzustellen. Der *Abg.Schack* von der SPD fügte in einem Zwischenruf hinzu: "*Nicht nur die SPD*!". *Eveslage* ging auf diese Äußerung ein und bestätigte, es gebe solche Überlegungen auch innerhalb der CDU. Prinzipiell könne ein Vorschaltgesetz vernünftig sein. Die CDU fordere aber:

- eine gründliche Beratung, vor allem mit Blick auf die Versorgungssicherheit der Hauptverwaltungsbeamten, sowie
- eine gemeinsame Linie beider großen Landtagsfraktionen.

Die Unterschiede in den Vorstellungen zwischen SPD und CDU seien zu gravierend. Eine Zustimmung der CDU zum Vorschaltgesetz in dieser Form könne daher nicht gegeben werden.[299] Die Reformvorhaben der SPD

---

[297] NSL, PlPr 13/25, 17.05.1995, S.2167.
[298] Ebd., S.2173.
[299] Ebd., S.2168f.

zielten nicht darauf, "*das wichtigste Organ der Gemeinde, nämlich den Rat, zu stärken*".[300]

Als folgender Redner erhielt der *Abg.Gabriel* von der SPD-Fraktion das Wort. Er begrüßte den von der Landesregierung eingebrachten Gesetzentwurf, da dieser "*der CDU-Fraktion deutlich macht, daß wir es mit der Demokratisierung der Kommunalverfassung ernst meinen*".[301]

Der *Abg.Schröder* von den Grünen stellte in seiner Rede fest, daß es über die Parteien hinaus in der Gesellschaft bis dato keine umfassende Debatte über das Für und Wider der eingleisigen Kommunalverfassung gegeben habe. Des weiteren wies er auf die Regierungserklärung des Ministerpräsidenten aus dem Vorjahr hin, wonach ohne den breiten Konsens im Landtag die gewaltige Reform nicht zu "*wuppen*" sei. Der *Abg.Schröder* sah noch nicht einmal den Versuch einer Konsensfindung. Statt dessen entstehe der Eindruck, daß "*der Übergang zu einer kommunalen Präsidialdemokratie mit der Einstimmenmehrheit durchgepeitscht werden soll*". Dies würde nur gelingen, wenn alle Abgeordneten der SPD, viele auch gegen ihre Meinung, für die Eingleisigkeit stimmten. Die Grünen forderten aber, daß

- vor allem die kommunale Demokratie einschließlich ihres ehrenamtlichen Elements durch die Reform nicht abgebaut, sondern vielmehr gestärkt werde und
- die Grundentscheidung über die Kommunalverfassung durch ein breites Mehrheitsfundament legitimiert werde.[302]

In seiner Wortmeldung äußerte der *Abg.Jordan* (GRÜNE) den Verdacht, es gehe der SPD darum, "mit dieser Nummer die brüchig gewordene Macht in den großen Städten zu sichern". Im Falle Hannovers gehe es

---

[300] Ebd., S.2174.
[301] Ebd., S.2169.
[302] Ebd., S.2170f.

konkret sogar darum, mit dem Bürgermeister *Herbert Schmalstieg* die Position der SPD zu sichern.[303]
Die Gesetzesvorlage wurde zur weiteren Beratung an den Innenausschuß überwiesen.

3.4.1.2. Zweite und Dritte Lesung

Das Ergebnis der Beratungen im Innenausschuß[304] wurde zu Beginn der Zweiten Lesung am 14.06.1995 im Plenum vorgetragen. Die Empfehlung des Ausschusses war mit den Stimmen der SPD-Ausschußmitglieder gegen die Ausschußmitglieder der CDU-Fraktion und der Fraktion Bündnis 90/Die Grünen beschlossen worden.[305]
Die SPD-Mehrheit des Ausschusses begründete ihre Empfehlung damit, das Gesetz solle dazu beitragen, die Auswirkungen der geplanten Kommunalverfassungsänderung möglichst rasch wirksam werden zu lassen und den Kommunen dadurch Versorgungsaufwendungen zu ersparen.
Die Vertreter der oppositionellen CDU kritisierten das gedrängte Beratungsverfahren. Eine Anhörung der kommunalen Spitzenverbände zu diesem Thema sei unterblieben. Die Eile, mit der der Gesetzentwurf verabschiedet werden solle, sei ihnen nicht recht verständlich, da die CDU in Kürze auf einem Parteitag darüber entscheiden werde, ob sie die Abschaffung der sogenannten "Zweigleisigkeit", die der vorliegende Entwurf vorbereiten wolle.
Die Ausschußvertreterinnen der Fraktion Bündnis 90/Die Grünen schlossen sich im wesentlichen – insbesondere hinsichtlich des gedrängten Beratungsverfahrens – dieser Kritik an. Darüber hinaus vertraten sie die Auffassung, die Änderung der Kommunalverfassung sollte nicht von einer sehr

---

303 Ebd., S.2174.
304 NSL, APr iV 13/30, 23.05.1995, S.17ff; NSL, APr iV 13/33, 06.06.1995, S.9ff.
305 NSL, BeschlEmpf iV, Drs 13/1127, 07.06.1995; PlPr 13/28, 14.06.1995, S.2341.

knappen Landtagsmehrheit, sondern – ähnlich wie bei Verfassungsänderungen – von einer qualifizierten Mehrheit abhängig gemacht werden. Abschließend bemerkten sie, daß das Gesetz von ihrer Fraktion ohnehin nicht mitgetragen werde, da die beabsichtigte Änderung der Kommunalverfassung von dieser abgelehnt werde.
Die Vertreter der SPD-Fraktion wiesen diese Kritik mit der Begründung zurück, es sei schon länger bekannt gewesen, daß ein solches Gesetz von der Landesregierung bereits erwogen würde.
Die erste Replik kam vom *Abg.Schröder* (GRÜNE). Er wies wiederholt auf die von der Regierung angestrebte Mehrheit für eine Kommunalverfassungsreform hin, momentan zeichnete sich aber ein Durchsetzen mit der Einstimmenmehrheit ab. Er wies auch auf die offensichtliche Zerrissenheit der SPD-Fraktion bei diesem Thema hin. Mit dem Vorschaltgesetz gehe es "*nur um Machtsicherung und Wahltaktik*", fuhr er fort. Abschließend stellte er fest, "*diese wahltaktisch geprägte Vorbereitungshandlung der Räte und Kreistage werden wir ganz sicher nicht mittragen*".[306]

Für die SPD-Fraktion antwortete der *Abg.Gabriel.* Er erklärte, die SPD habe nach intensiver Diskussion die Entscheidung getroffen, daß die Hauptverwaltungsbeamten künftig direkt gewählt werden sollten. Die Bürger würden so mehr Einfluß auf die Verwaltungsspitze erhalten und die demokratische Legitimation des Verwaltungschefs gestärkt. Das in dieser Lesung zur Diskussion stehende Vorschaltgesetz diene nur dazu, "*daß es dem Landtag frei von allen Sorgen über mögliche Versorgungsansprüche möglich ist, Ende dieses Jahres und Anfang nächsten Jahres diesen Wandel zu beschließen*". Das Vorschaltgesetz sollte lediglich eventuell auftretende Versorgungsansprüche gegenüber den Kommunen nach einer Kommunalverfassungsänderung abwehren.[307]

---

[306] Ebd., S.2342f.
[307] Ebd., S.2344f.

Der *Abg.Eveslage* (CDU) wiederholte die ablehnende Haltung seiner Fraktion gegenüber dem Vorschaltgesetz, das als Grundlage für das von seiner Partei abgelehnte SPD-Modell der Eingleisigkeit diene. "*Wir werden die Mehrheitsvorschläge, wie sie von der Enquete-Kommission formuliert worden sind, in einem Gesetzentwurf umsetzen.*" Die Mitglieder der CDU-Fraktion "*wollen die Verwaltungschefs nicht zu den Chefs in den Räten machen*".[308]

Innenminister *Glogowski* (SPD) sagte als nächster Redner, nicht nur der Ministerpräsident, sondern auch er selbst sei zutiefst überzeugt, daß es gut sei, wenn sich alle einer "*mehr Demokratie wagenden Auffassung von Kommunalverfassung anschließen würden*". Das Vorschaltgesetz eröffnete seiner Meinung nach die Möglichkeit, konkret in die Diskussion über die Änderung der Kommunalverfassung einzusteigen. Er forderte alle auf, sich frühzeitig an dieser Diskussion zu beteiligen.

Die Dritte Lesung[309] sowie die Annahme in der Fassung der Beschlußempfehlung des Innenausschusses[310] für dieses Gesetzes folgten. Das Gesetz trat am 16.06.1995 mit Veröffentlichung im niedersächsischen Gesetz- und Verordnungsblatt (GVBl) in Kraft.[311]

3.4.1.3. Bewertung

Das Vorschaltgesetz wurde offiziell als Grundlage für die spätere, von der SPD geplante Einführung der Eingleisigkeit eingebracht. Den Ausschlag für die zügige Vorlage dieses Gesetzes war das Interesse des *Abg.Schmalstieg*, das Amt des hauptamtlichen Oberbürgermeisters in der

---

[308] Ebd., S.2345ff.
[309] NSL, PlPr 13/28, 14.06.1995, S.2341ff.
[310] NSL, BeschlEmpf iV, Drs 13/1127, 07.06.1995.
[311] Nds. GVBl. Nr.12/1995, 22.06.1995, S.171.

Landeshauptstadt zu erlangen. Die anderen Fraktionen des Landtages mißbilligten das Gesetze als übereilte Aktion.
Die Redebeiträge in den Lesungen bezogen sich, wenn es um Sachangelegenheiten ging, weitestgehend auf das Thema Ein- bzw. Zweigleisigkeit. Der Debatte für die auf das Vorschaltgesetz aufbauende Reform wurde so bereits vorgegriffen.

3.4.2. Die neue Kommunalverfassung

3.4.2.1. Erste Lesung

Der Innenminister *Glogowski* (SPD) brachte am 26.10.1995 in der 38.Plenarsitzung des Landtages mit der Drs 13/1450 den Gesetzentwurf der Landesregierung zur Reform der Kommunalverfassung ein.[312] Dieser Gesetzentwurf war im wesentlichen vom Leitgedanken bestimmt, in den Gemeinden mehr Demokratie zu wagen. Die Weitsicht der Regierung habe verhindert, daß es anders als in Bayern zu einem Volksbegehren für mehr Mitbestimmung gekommen war. Nur "*die Kräfte des Gestern und die Kräfte, die in unserem Lande weniger Demokratie wagen wollen, um zu verhindern, dass die Bevölkerung diese Rechte bekommt*", wendeten sich gegen dieses Gesetz. Das Wesentliche an dieser Reform sei nicht die Ein- oder Zweigleisigkeit – die Direktwahl stehe im Vordergrund.[313]
Die Auffassung, die Bürger würden weniger qualifizierte Kandidaten wählen als die Räte, treffe nicht zu. In der Vergangenheit seien viele Hauptverwaltungsbeamten abgewählt worden, da die Räte eine falsche Wahl getroffen hätten.[314]
Durch die Zusammenlegung des Wahltermins für Räte und Bürgermeister würden sich mehr Bürger an der Entscheidung beteiligen, da die Wähler qualifizierte Entscheidungen fällen könnten. Die Direktwahl sei ein Trend

---

[312] NSL, Drs 13/1450, 12.10.1995.
[313] NSL, PlPr 13/38, 26.10.1995, S.4175ff.
[314] Ebd., S.4177.

in den deutschen Bundesländern, dem Niedersachsen folgen werde, da erkannt worden sei, "*daß man das Volk nicht dauerhaft von derartigen Entscheidungen ausschließen kann*".[315]
Die Öffnung der Verwaltungsspitze für Führungskräfte, die auch aus anderen Bereichen als der Verwaltung kommen, könne zum besseren Austausch zwischen Wirtschaft und Verwaltung führen. "*Unser Entwurf eröffnet diese Chance.*" Es sei zwingend notwendig, einen Wandel "*weg von der Schreibtischmentalität hin zu mehr wirtschaftlichem Management*" herbeizuführen.
Der Rat bleibe das kommunale Hauptorgan, der Hauptverwaltungsbeamte solle ihm zwar angehören, aber im Gegensatz zum Verwaltungsausschuß dort nicht den Vorsitz innehaben. Dies alles würde die Räte stärken.[316]
Die von der CDU bei der Umstellung auf die Eingleisigkeit berechneten 400 Millionen DM an Pensionsleistungen für die Kommunen relativierte *Glogowski* erheblich. Seiner Ansicht nach würde nicht einmal ein Drittel dieses Betrages fällig. Er wies darauf hin, daß, abhängig von der Gemeindegröße, auch keineswegs unerhebliche Kosten durch die Doppelspitze entstünden.[317]
Im weiteren Verlauf der Debatte unterstützte die SPD-Fraktion in ihren Redebeiträgen den Minister. Der Einschätzung des *Abg.Gabriel* (SPD) zufolge gäbe "*es eine unheilige Allianz zwischen Schwarz und Grün zur Verhinderung von mehr Bürgerrechten*".[318]

Als nächstem Redner wurde dem *Abg.Eveslage* (CDU) das Wort erteilt. Er stellte fest, daß die Leitlinie der beabsichtigten Reform die Empfehlung der Enquete-Kommission sein sollte. Einige der geplanten Veränderungen gingen aber über diese Empfehlungen hinaus, andere blieben dahinter zurück und wieder andere, er verwies auf die künftige Verwaltungsführung,

---

[315] Ebd., S.4178.
[316] Ebd., S.4179.
[317] Ebd., S.4179f.
[318] Ebd., S.4186ff.

würden die Empfehlung der Enquete-Kommission in ihr Gegenteil verkehren.[319]
Eveslage wies darauf hin, dass zwei der Kommunalen Spitzenverbände die Einführung der Eingleisigkeit ablehnten. Er gab zu, daß es auch bei der Zweigleisigkeit im Einzelfall, insbesondere bei den Großstädten, Friktionen gab. Für ihn ginge es "*bei dem Gesetzentwurf also nicht um eine Konfliktbeseitigung, sondern nur um eine Konfliktverlagerung*".[320]
Zum Kostenpunkt meinte *Eveslage*, es sei unerheblich, ob es sich um 400 Millionen DM oder, wie *Glogowski* es sagte, um weniger handele, die Kommunen hätten ohnehin nicht das Geld dafür. "*Wieder einmal beschließt das Land ein Gesetz und die Kommunen sollen zahlen.*"[321] Der *Abg.Jahn* (CDU) forderte später noch im Sinn des gemeinsamen Demokratieanliegens dazu auf, abermals auszuloten, "*ob es den Weg zueinander noch gibt*".[322]

Für die Grünen sprach als nächster der *Abg.Schröder*. Gleich zu Beginn zeigte er die Nachteile der Reform für die kleinen Parteien und Wählergemeinschaften auf. Für die Durchsetzung dieser "*Reform von oben*" gäbe es "*keine wirkliche Mehrheit in diesem Hause, sondern nur hervorragende Beispiele von Fraktionsdisziplin und Selbstverleugnung*". Die Vormacht der Verwaltung würde durch das neue Gesetz weiter gestärkt. Die Direktwahl bringe kein Mehr an Demokratie. Die Räte dürften sich zwar qua Gesetz als Hauptorgan der Kommunalverfassung bezeichnen, seien es inhaltlich aber nicht mehr.[323]

Am Ende der etwa einstündigen Ersten Lesung wurde der Gesetzentwurf, der Empfehlung des Ältestenrates folgend, federführend an den Ausschuß für innere Verwaltung und zur Mitberatung an die Ausschüsse für Rechts-

---

[319] Ebd., S.4181.
[320] Ebd., S.4182.
[321] Ebd., S.4183
[322] Ebd., S.4190.
[323] Ebd., S.4185.

und Verfassungsfragen, an die Haushalts- und Finanzausschüsse sowie an den Ausschuß für öffentliches Dienstrecht überwiesen.[324]

3.4.2.2. Ausschuß innere Verwaltung

Im Rahmen seiner Beratungen[325] führte der Innenausschuß Anhörungen durch. Den Anfang machten die Kommunalen Spitzenverbände in der Sitzung am 12.12.1995. Es erschienen Vertreter des Niedersächsischen Städte- und Gemeindebunds, des Niedersächsischen Städtetags und des Niedersächsischen Landkreistags. Die Haltung der Verbände hatte sich seit dem Hearing der EKkV am 29.10.1991[326] nicht verändert, ihre Argumentationen blieben inhaltlich gleich.[327]

Am 07.02.1995 trugen Sachverständige dem Innenausschuß zum Thema Ein- bzw. Zweigleisigkeit vor. Erster Redner war *Faber*. Er empfand die Gesetzesvorlage als beunruhigend und hob hervor, daß es in Niedersachsen an Tradition wie auch an Erfahrungen mit der Direktwahl fehlten. *Faber* unterstützte ausdrücklich die skeptische Haltung des Niedersächsischen Städte- und Gemeindebunds.
Im Gegensatz zu *Faber* sprach sich *Seidenhof* als vortragender Ratgeber für die Urwahl aus. Er sah in dem eingebrachten Gesetzentwurf den Schlußpunkt der jahrelangen Diskussion. Nach seiner Empfehlung hätte die Eigenständigkeit des neuen Bürgermeisters mit einer anderen als für den Rat bemessenen Wahlperiode unterstrichen werden sollen.
Schefold stellte fest, daß die Eingleisigkeit voraussichtlich die Verwaltung straffen und ihre Effizienz steigern würde. Für ihn hätte in Niedersachsen die Zweigleisigkeit als Gegengewicht präsidialstaatlichen Tendenzen ihren

---

[324] Ebd., S.4191.
[325] NSL, APr iV 13/56 bis 13/84, 29.11.1995 bis 28.02.1996.
[326] NSL, APr EKkV 12/7, 29.10.1991.
[327] NSL, APr iV 13/61, 12.12.1995.

Sinn behalten. Er sah daher keinen Anpassungsdruck zur Angleichung an die Eingleisigkeit in den anderen Bundesländern.
Schneider stellte eine vehemente Diskrepanz zwischen der Verfassung und ihrer Handhabung fest. In der Wirklichkeit hätten die Bürgermeister ihre Kompetenzen bei weitem überschritten. Er sprach sich für die Eingleisigkeit aus und verwies auf die Argumentation des Deutschen Städtetages.
Aufgrund seiner Tätigkeit und Erfahrung in den neuen und alten Bundesländern sprach sich *Hoffmann* als letzter Sachverständiger in dieser dreistündigen Sitzung für die Eingleisigkeit sowie für die Direktwahl des Bürgermeisters aus.[328]

Name	**Institution**
Faber, Prof. Dr.	Universität Hannover
Höfer	Versorgungskasse Hannover und Oldenburg
Hoffmann, Dr.	Rechtsanwalt Gifhorn
Honert, Dr.	Stadtdirektor Stadt Lengenfeld
Schefold, Prof. Dr.	Universität Bremen
Schneider, Dr.	Staatssekretär Ministerium des Innern Sachsen-Anhalt
Schrödter, Dr.	Arbeitsgemeinschaft der Kommunalen Spitzenverbände Niedersachsens
Siedentopf, Prof. Dr.	Hochschule für Verwaltungswissenschaften Speyer

Abbildung 12: Sachverständige beim Hearing des Innenausschuß

In der zweiten Anhörung bezeichnete es *Honert* am Nachmittag es als Diskriminierung des Bürgermeisters, dessen Amtszeit an die des Rates zu koppeln. Die Bezahlung des Bürgermeisters sei viel zu gering, um Fachkräfte aus der Wirtschaft für dieses Amt zu gewinnen. Er forderte weiterhin eine fachliche Qualifikation und ein gewisses Maß an parteipolitischer Unabhängigkeit der Bürgermeisterkandidaten.

[328] NSL, APr iV 13/77, 07.02.1995.

Höfer ging auf die Kosten der Umstellung ein. Ersten Berechnungen zufolge kämen Kosten in Höhe von 400 Mio. DM auf die Gemeinden zu, wenn die Restzeit der im Amt befindlichen Verwaltungschefs verkürzt werden sollte. Bei einer auslaufenden Amtszeit bis ins Jahr 2007 bezifferte er die Kosten auf 127 Mio. DM.
Zum Ende der zweistündigen Anhörung sprach sich *Schrödter* für die Eingleisigkeit und die Urwahl aus und verwies auf die Argumente von Schneider und Hoffmann.[329]

3.4.2.3. Zweite und Dritte Lesung

Der *Abg.Boekhoff* eröffnete die Diskussion der etwa zweistündigen Landtagsdebatte am *06.03.1996*. Als Berichterstatter trug er die Ausschußempfehlungen[330] im Plenum vor.
Als wesentlichen Diskussionsgegenstand in den Ausschüssen hob er die Direktwahl der Hauptverwaltungsbeamten hervor. Die Mitglieder der SPD hätten diese als eine Stärkung der kommunalen Selbstverwaltung gewertet. Die Mitglieder der oppositionellen Fraktionen hätten sich dagegen der ablehnenden Haltung der Enquete-Kommission angeschlossen. Wie diese befürchteten sie einen nachhaltigen Bedeutungsverlust der ehrenamtlichen Komponente in der kommunalen Selbstverwaltung.

Als erstem Redner wurde dem *Abg.Dr.Weber* von der SPD-Fraktion das Wort erteilt. Für ihn war das "*Herzstück*" des eingebrachten Gesetzentwurf, daß die neue Kommunalverfassung "*Kompetenz und demokratische Legitimation unmittelbar miteinander*" verbinden würde. Mit diesem Schritt würde nur das nachvollzogen, was alle anderen Bundesländer zum Teil vor Jahren eingeführt hatten: "*Die direkte Volkswahl des Hauptver-*

---

[329] NSL, APr iV 13/78, 07.02.1995.
[330] NSL, BeschlEmpf iV, Drs 13/1800, 28.02.1996.

waltungsbeamten, der dann mit Recht den Namen Bürgermeister und Landrat führt".[331]
Die direkte Wahl der Bürgermeister und Landräte lasse nicht alle anderen kommunalen Institutionen daneben verblassen. Die Erfahrungen in den anderen Länder zeige dies. Um entsprechende Bedenken weiter auszuräumen, sei sogar eine Stärkung der Räte und Kreistage sowie die Koppelung der Wahlperioden von "Kommunalparlamenten" und Bürgermeistern/ Landräte vorgesehen worden.
Um die Kosten für die Umstellung gering zu halten, sei auf einen harten Schnitt verzichtet und ein fließender Übergang vom alten zum neuen Recht gewählt worden. Die Kommunen könnten sich in dieser Übergangszeit mit qualifizierter Mehrheit für einen früheren oder auch späteren Umstieg entscheiden. Die Kosten könnten so von ihnen selbst kontrolliert werden.[332]

Für die CDU-Fraktion sprach im Anschluß der *Abg.Eveslage*. Die CDU habe in den Beratungen des Innenausschusses deutlich gemacht, daß sie zu den Vorschlägen der EKkV, die auch in den vorliegenden Gesetzentwurf ihren Eingang gefunden habe, stehe, nämlich die Rechte des Rates gegenüber der Verwaltung zu stärken. Das Problem im nun vorliegenden Gesetzentwurf liege im Versuch, zwei unterschiedliche Verfassungstypen zu kombinieren. Es werde versucht, die positiven Aspekte der Zweigleisigkeit herauszufiltern und anschließend die Vorteile der Eingleisigkeit dazu zu geben. "*Wegen dieser Vermischung ganz unterschiedlicher Kommunalverfassungssysteme wird die Politik auf örtlicher Ebene unter den neuen Bedingungen Schaden erleiden.*"[333]
Auf der einen Seite erhalte der Bürgermeister als Chef der Verwaltung mehr und größere Rechte als jedes andere Mitglied des Rates, und er sei das einzige Sprachrohr für die Gemeinde. Aus diesem Grund sei es unvorstellbar, wie der Rat seiner Aufgabe, die Verwaltung zu kontrollieren, dann noch gerecht werden könne. Das angebliche Hauptorgan, der Rat,

---

[331] NSL, PlPr 13/50, 06.03.1996, S.5250ff.
[332] Ebd., S.5252f.
[333] Ebd., S.5254.

trete in der Öffentlichkeit kaum noch in Erscheinung, da er keinen eigenen Sprecher wie den Bürgermeister alten Typs mehr habe. Der Rat habe weiterhin einen Vorsitzenden. Dieser dürfe aber während der Sitzung nur das Wort erteilen und habe keinen Einfluß auf die Gestaltung der Tagesordnung.

Auf der anderen Seite sei der Bürgermeister neuen Typs in erheblichem Maße an die parteipolitische Richtung der jeweiligen Ratsmehrheit gebunden. Dies resultiere aus der kurzen Wahlzeit, der Koppelung der Amtszeit an die Wahlperiode des Rates, der Kandidatur über eine Partei sowie der ungewissen persönlichen Versorgung nach lediglich fünf Jahren Amtszeit.[334]

Der Bürgermeister sei *"zwar offiziell kein Mitglied seiner Fraktion, aber ohne ständige Präsenz in der Fraktion würde er politisch nicht überleben*". Die bis dato praktizierte parteipolitische Neutralität des Hauptverwaltungsbeamten sei zukünftig kaum noch möglich. Demzufolge müsse jeder, der zuviel Parteipolitik in der Kommune beklage, diesen Gesetzentwurf ablehnen.

Durch das Weglassen von Qualifikationsanforderungen an die Kandidaten werde außerdem die Professionalität der Verwaltungsführung geschwächt.

In der von Teilen der CDU befürworteten Variante der Eingleisigkeit werde hingegen eine klare Trennung zwischen Rat und Bürgermeister vollzogen. Beide hätten z.B. unterschiedliche Wahlperioden und würden unterschiedlich nominiert. Die Vermischung von Ratszugehörigkeit und Verwaltungsleitung würde so vermieden.[335]

Wenn diese Reform von einer breiten Mehrheit im Lande getragen würde, dann würde sie auch von den Kommunalpolitikern akzeptiert. In der überwiegenden Mehrzahl kreisangehöriger Städte, Gemeinden und Samtgemeinden sowie in den Landkreisen hielten die Kommunalpolitiker an der Zweigleisigkeit fest. Im Gegensatz dazu sei aber in den größeren Städten der Wunsch nach Eingleisigkeit vorhanden.

---

[334] Ebd., S.5255.
[335] Ebd., S.5256.

Diesen differenzierten Erwartungen, die auch von der Mehrheit der SPD-Kommunalpolitiker geteilt würden, trage der Gesetzentwurf keine Rechnung. Auf Kompromißvorschläge der CDU sei nicht eingegangen worden. Der letzte Versuch solle hier von seiner Fraktion in der laufenden Lesung unternommen werden.[336]

Für die Fraktion Bündnis 90/Die Grünen stimmte der *Abg.Schröder* der Reformbedürftigkeit der Kommunalverfassung zu, bemerkte aber, daß sie sich in ihren Grundlagen seit Jahrzehnten bewährt habe.
Wie schon sein Vorredner stellte *Schröder* die Position des neuen Bürgermeisters gegenüber dem neuen Rat wie folgt dar. "*Kraft Amtes übernimmt er den Vorsitz im Verwaltungsausschuß. Mit Sitz und Stimme gehört er dem Rat, seinem Kontrollorgan, an. Die Vorbereitung der Ratsbeschlüsse durch den Verwaltungsausschuß geht de facto auf ihn über. Dieses Kontroll- und Lenkungsinstrument des Rates wird zu einem Hilfsinstrument der Verwaltung.*" Der Gesetzentwurf sei durch den Machtzuwachs der Verwaltungsspitze auf Kosten der gewählten Volksvertretung gekennzeichnet. Dies bestätige die Feststellung der Enquete-Kommission, es sei unmöglich, die Direktwahl des Hauptverwaltungsbeamten mit der Stärkung der Rechte des Rates zu verbinden. Aus diesem Grund habe sich die SPD zu seinem Bedauern für ein Modell der Machtkonzentration bei der Verwaltungsspitze entschieden. Dies müsse die SPD zugeben und dürfe nicht von Stärkung der Räte oder von mehr Demokratie sprechen.[337]
Mit dieser Stärkung der Verwaltungsspitze kämen erhebliche Folgekosten auf die sich ohnehin finanziell am Ende befindlichen Kommunen zu. Viele Kreise und Gemeinden könnten in dieser Situation ihre Verwaltungshaushalte nicht mehr ausgleichen.
Abschließend stellte *Schröder* die Frage an die SPD, ob diese wirklich 100 bis 200 Mio. DM für die Abschaffung einer funktionstüchtigen Kommunalverfassung ausgeben wolle, "*während in den Städten und Kreisen der*

---

[336] Ebd., S.5257.
[337] Ebd., S.5258.

Rotstift auch bei wichtigen sozialen und kulturellen Angelegenheiten angesetzt wird?"[338]

Für die SPD-Fraktion antwortete der *Abg.Gabriel*. Zu Beginn seiner Rede zitierte er eine Rede von *Christian Wulff* aus dem Jahre 1994, um gegen die heftige Kritik der CDU anzukämpfen. *Wulff* habe sich, nachdem ihm die Partei in dieser Frage die Gefolgschaft verweigert habe, vom "*eingleisigen Saulus zum zweigleisigen Paulus*" gewandelt.[339]

Als nächster Redner der CDU-Fraktion kritisierte der *Abg.Jahn* die Gesetzesvorlage. Die Modalitäten des Amtes seien offensichtlich darauf ausgelegt, daß dieses überwiegend von Politikern angestrebt und besetzt werde, nicht jedoch von Verwaltungsfachleuten.
Die bisher vom Hauptverwaltungsbeamten wahrgenommenen Verwaltungsaufgaben könne der künftige Bürgermeister vom Zeitaufwand her nicht erfüllen. Also bedürfe es eines zusätzlichen Verwaltungsbediensteten. Letztendlich bräuchte man auch weiterhin einen Hauptverwaltungsbeamten, der nur eben eine Besoldungsgruppe niedriger als bisher bezahlt würde. Der hochbezahlte Bürgermeister werde mangels entsprechender Ausbildung nur das tun, was der Bürgermeister vor der Reform lediglich gegen Zahlung einer Aufwandsentschädigung geleistet habe.
Seines Erachtens hätten die Ergebnisse der Enquete-Kommission besser berücksichtigt werden sollen.[340]

Zum ersten Mal meldete sich an diesem Punkt der Innenminister zu Wort. Er finde es bemerkenswert, daß sich ein Parlament dazu entschließe, Macht und Rechte, die von den Parteien ausgeübt würden, an die Bevölkerung abzugeben.
Es gehe darum, daß die bis dato von den Räten bestimmten Repräsentanten der Gemeinden und der Verwaltung, die Hauptverwaltungsbeamten,

---

[338] Ebd., S.5260.
[339] Ebd., S.5260ff.
[340] Ebd., S.5265.

unmittelbar von der Bevölkerung gewählt und somit auch von ihr legitimiert würden. *Glogowski* hegte keine Zweifel, daß die Bevölkerung in der Lage sei, qualifizierte Kandidaten an die Spitze zu wählen, die dann die Interessen der Gemeinden entsprechend vertreten könnten. Er räumte einen Einflußverlust der kleineren Fraktionen, expressis verbis der Grünen, in den Kommunalparlamenten ein. Die Grünen seien aber zur Machtabtretung zugunsten der Bevölkerung nicht bereit. Die CDU habe Angst sich dem Wählervotum zu stellen. Sie traue der Bevölkerung nicht.[341]
Zum Stichwort "*Kompromisse*" demonstrierte *Glogowski* anhand von Beispielen, daß die CDU dazu nicht bereit gewesen sei. Statt dessen habe sie versucht, die SPD in dieser Frage zu spalten, um die eigenen Ideen durchzusetzen. Der Antrag, den die CDU in der laufenden Sitzung einbringen wolle, solle erneut nur den Anschein von Kompromißbereitschaft verbreiten.
Das Kostenargument könne nicht in den Vordergrund gestellt werden. Die erheblichen Einsparungen, die die Eingleisigkeit und Direktwahl mit sich brächten, stünden den Folgekosten durch Versorgungslasten der Kommunen gegenüber.[342]

Der *Abg.Hoops* von Bündnis 90/Die Grünen wurde zusätzliche Redezeit eingeräumt. Das gemeinsame Ziel der Demokratisierung der Kommunalverfassung sei "*unter der SPD-Alleinregierung zur bloßen Etikette verkommen*". In Zukunft würde es weniger statt mehr Demokratie in den Kommunen geben. Die SPD wolle die Eingleisigkeit, "*um so zumindest in den größeren Städten noch die Chance zu haben, ihre Machtposition abzusichern*".[343]

Ebenfalls wurde dem *Abg.Jahn* (CDU) zusätzliche Redezeit gewährt. In den letzten 50 Jahren habe der große Wert der Kommunalen Selbstverwaltung in NdS darin gelegen, daß das System nicht auf Konfrontation,

---

[341] Ebd., S.5266.
[342] Ebd., S.5268.
[343] Ebd., S.5269.

sondern auf Partnerschaft aufbaute. Es sei zu einem Ausgleich zwischen der ehrenamtlichen Mitwirkung und dem sachverständigen Hauptverwaltungsbeamten gekommen. Dieses System habe funktioniert und solle nun "*ohne Not auf den Kopf gestellt*" werden.[344]

Dem *Abg.Gabriel* (SPD) wurde erneut das Wort erteilt. Er stellte klar, daß in Niedersachsen nicht die Eingleisigkeit über die Zweigleisigkeit gestülpt, sondern "*die typische niedersächsische Form der Dreigleisigkeit*" beibehalten werden. Es bleiben der Verwaltungsausschuß, der Rat sowie der Hauptverwaltungsbeamte. Lediglich die demokratische Legitimation des dritten Organs, des Hauptverwaltungsbeamten, werde weiterentwickelt.[345]

Nach dieser Wortmeldung schloß der Vizepräsident des Niedersächsischen Landtages, *Gansäuer,* die allgemeine Aussprache. Danach ließ er über den Gesetzentwurf Drs 1450 und eine große Anzahl von Änderungsempfehlungen des Ausschusses abstimmen.[346]

Mit dem von allen Abgeordneten erwarteten Antrag der CDU-Fraktion zur Geschäftsordnung erhielt der *Abg.Eveslage* das Wort. Der vorliegende Entwurf der CDU-Fraktion sei der letzte Versuch, einen tragbaren Kompromiß zu erreichen. Die dritte Beratung hierzu solle erst nach erneuter Überweisung in die Ausschüsse erfolgen. Dieser geänderte Entwurf sehe insbesondere die Eingleisigkeit mit der Direktwahl von Bürgermeistern in den kreisfreien und großen selbständigen Städten sowie in Göttingen vor.[347]

Ebenfalls zur Geschäftsordnung meldete sich der *Abg.Bartling* (SPD) zu Wort. Er bezeichnete den Antrag der CDU-Fraktion als letzten Beweis für die taktischen Spielereien und sah darin keine Zeichen für Kompromißbereitschaft. Mit diesem Antrag werde die Reform in lediglich 17 der rund

---

[344] Ebd., S.5270.
[345] Ebd., S.5271.
[346] Ebd., S.5271ff.
[347] Ebd., S.5274.

450 Gebietskörperschaften durchgeführt. Eine über diese 17 Städte hinausreichende Reform lehnen die CDU ab. Dies sei kein ernsthaftes Kompromißangebot.[348]

Der Antrag der CDU-Fraktion wurde vom Landtag abgelehnt. Auf Antrag der Fraktion Bündnis 90/Die Grünen erfolgte nach der Zweiten Lesung eine namentliche Abstimmung über den Gesetzentwurf der Landesregierung. Bei 161 abgegebenen Stimmen sprachen sich, wie erwartet, 81 Abgeordnete für und 80 gegen den Gesetzentwurf aus.[349] Die dritte Beratung und Abstimmung folgte nach der Geschäftsordnung unmittelbar darauf.

3.4.2.4. Zusammenfassung und Bewertung

Während die Regierungspartei mit dem neuen Gesetz eine stärkere Einflußnahme der Bürger auf die kommunalen Geschicke betonte, widersprachen die anderen Fraktionen. Die Kosten einer Umstrukturierung, die eigentlich schon bei der Lesung des Vorschaltgesetzes hätten angesprochen werden sollen, wurden hier immer wieder diskutiert.
Nach der Ersten Lesung setzte sich der Ausschuß innere Verwaltung in mehreren Sitzungen mit dem Thema Eingleisigkeit auseinander. Im Mittelpunkt standen die Anhörungen. Die politischen Akteure im Ausschuß innere Verwaltung sowie die in den Ausschußsitzungen von ihnen vorgebrachten Argumente glichen denen in den Plenarsitzungen.
In der Parlamentssitzung am 06.03.1996 unternahmen die Reformgegner mit dem Antrag auf Zurückverweisung des Entwurfs in die Ausschüsse den letzten Versuch, einen tragfähigen Kompromiß zwischen Regierungs- und Oppositionsfraktionen zu erzielen. Die SPD zeigte sich entschlossen, die neue Kommunalverfassung gegebenenfalls gegen die CDU und Bündnis 90/Die Grünen zu verabschieden. Der SPD-Fraktionsvorsitzende *We-*

---

[348] Ebd., S.5274f.
[349] Ebd., S.5275ff.

ber bedauerte in der Aussprache, daß es nicht möglich gewesen sei, das Gesetz auf der Grundlage einer breiten Mehrheit zu beschließen. Die Diskussion sei von Parteitaktik und nicht von sachlichen Argumenten beherrscht worden. Der stellvertretende Fraktionsvorsitzende der CDU, *Eveslage*, hielt der SPD vor, daß die "*radikale Veränderung*", die den Kommunen mit der Neuordnung der Kommunalverfassung aufgezwungen würde, "in diesem Ausmaß weder von der Bevölkerung gefordert, noch von den Kommunalpolitikern gewünscht wird". *Eveslage* wies darauf hin, daß sich selbst in der SPD bis in jüngste Zeit Widerstand gegen einen Alleingang der Fraktion geregt habe.[350] Der Antrag von CDU und Bündnis 90/Die Grünen wurde abgelehnt[351] und das Gesetz zur Reform der niedersächsischen Kommunalverfassung mehrheitlich vom Niedersächsischen Landtag verabschiedet.[352] Die Bekanntmachung der Neufassung der Niedersächsischen Gemeinde-[353] und Landkreisordnung[354] erfolgte am 22.08.1996.

Ohne Fraktionszwang hätte die SPD die Kommunalverfassungsreform letztlich nicht durchsetzen können. Unter ihren 81 Abgeordneten befanden sich nämlich 21 Bürgermeister und fünf Landräte, die nach der neuen Gemeindeordnung entweder auf ihr Landtagsmandat oder auf ihr kommunales Ehrenamt verzichten mußten.[355]
Zu den beiden Hauptstreitpunkten, Demokratie und Kosten, stellten alle Fraktionen unterschiedlichste Behauptungen zur Diskussion, die sicherlich alle ihre Berechtigungen hatten. Den letztendlichen Beweis für die Untauglichkeit des Reformwerks blieben sie aber schuldig. Die eventuell auf-

---

[350] O.V., SPD will Ratsverfassung ersetzen, Frankfurter Allgemeine, 07.03.1996.
[351] NSL, PlPr 13/50, 06.03.1996, S.5274.
[352] Nds. GVBl. 6/1996, 04.04.1996, S.82; vgl. auch Jörn Ipsen, Die neue Niedersächsische Kommunalverfassung, in: NdsVBl. 5/96, S.97.
[353] Nds. GVBl. 16/1996, 27.08.1996, S.382.
[354] Ebd., S.365.
[355] Stefan Dietrich, a.a.O.

tretenden Mehrkosten der Reform wird man in der Zukunft berechnen können, das Mehr oder Weniger an Demokratie, das entsprechende Bürgerbewußtsein, muß man später erfragen. Die tatsächliche Machtverteilung zwischen Rat und Bürgermeister wird, wie in der Vergangenheit zwischen dem Bürgermeister und dem Hauptverwaltungsbeamten, von den Akteuren selbst abhängig sein.

4. VERGLEICH MIT NRW

4.1. STRUKTURVERGLEICH

Beim Vergleich der Kommunalverfassungsentwicklung von Nordrhein-Westfalen und Niedersachsen seit ihrer "Implementierung" durch die britische Militärregierung muß zunächst die unterschiedliche Struktur der beiden Bundesländer betrachtet werden. Das Jahr der Initiation der Kommunalverfassungsreform in Niedersachsen, 1993, dient als Grundlage für die Gegenüberstellung der Bevölkerungsdichte:[356]
Niedersachsen verfügt über eine Fläche von 47.605 km² und ist somit im Verhältnis zu Nordrhein-Westfalen mit 34.071 km² um das 1,4fache größer, hat aber mit 7,6 Mio. Einwohner nicht einmal die Hälfte der Bevölkerung von Nordrhein-Westfalen mit 17,8 Mio. Für Niedersachsen ergibt sich daraus eine Bevölkerungsdichte von 161 Einwohner je km², für Nordrhein-Westfalen von 521 Einwohner je km². 27.135 km², d.h. 57% der Fläche Niedersachsens, werden landwirtschaftlich genutzt, in Nordrhein-Westfalen sind es nur 15.673 km² (46%). Trotz der hohen landwirtschaftlichen Nutzungsrate sind heute (Stand: 31.12.98) nur noch 4% der 3,3 Mio. Erwerbstätigen in Niedersachsen in der Landwirtschaft beschäftigt.
Bei der Gegenüberstellung der Verwaltungsgliederung der beiden Bundesländer gab es in einigen Bereichen keine großen Unterschiede. Niedersachsen untergliederte sich in vier, Nordrhein-Westfalen in fünf Regierungsbezirke. Auf der nächsten Ebene hatte Niedersachsen neun kreisfreie und Nordrhein-Westfalen 23 kreisfreie Städte, d.h. Nordrhein-Westfalen besaß über das 2,5fache an Großstädten, aber mit 31 Landkreisen weniger als Niedersachsen mit insgesamt 38. Insgesamt betrachtet beträgt das absoluten Verhältnis auf dieser Ebene zwischen Niedersachsen und Nordrhein-Westfalen 1:1,15.[357] Die Anzahl der Kommunen wurde in einer Gebietsreform 1976 in Nordrhein-Westfalen von 2362 auf 396 reduziert, was nahe-

---

[356] Stand: 31.12.1993.
[357] Jürgen Hartmann (Hrsg.), Handbuch der deutschen Bundesländer, 3.Aufl., Bonn 1997, S.656f.

zu eine Versechsfachung der Bevölkerung je Gemeinde mit sich brachte.[358] Im Vergleich zeigt sich, daß Niedersachsen mit 1.031 Gemeinden einen mehr als das 2,5fach größeren Gemeindebestand hatte als Nordrhein-Westfalen (396).[359]

Fazit: Die administrativen und größenmäßigen Grundvoraussetzungen beider Länder waren bei der Reform von vornherein, auch bedingt durch die Gemeindereform in Nordrhein-Westfalen 1976, unterschiedlich. Die Bevölkerungszahl einer statistischen Durchschnittsgemeinde in Niedersachsen betrug zur Zeit des Reformprozesses 7.418, die Nordrhein-Westfalens 44.846. Die Gemeinden in Nordrhein-Westfalen waren um mehr als das sechsfache größer als die in Niedersachsen. Für Niedersachsen bedeutet dies, daß es durch die Gemeinden mit kleinerem Zuschnitt absolut betrachtet mehr Mandatsträger gibt, daher auch mehr Gemeinden mit "face-to-face politics".

4.2. REFORMVERGLEICH

Die historische Ausgangssituation in Nordrhein-Westfalen entsprach derjenigen in Niedersachsen. Beide Länder gehörten nach dem II. Weltkrieg zur britischen Besatzungszone. In beiden Ländern wurde die dann als Norddeutsche Ratsverfassung bekanntgewordene Kommunalverfassung eingeführt. Die Unterschiede der Reformen in NRW und NdS sollen nun - beginnend mit einer kurzen Gegenüberstellung nach Beendigung des II.Weltkrieges - dargestellt werden.[360]

---

358 Vgl. Guido Freis, a.a.O., S.117f.
359 Stand: 31.12.1994.
360 Guido Freis, a.a.O., S.115ff.

4.2.1. Erste Reformversuche

Die KV in NRW wurde am 21.10.1952 verabschiedet. Die FDP machte schon im ersten Jahr nach Inkrafttreten der KV Reformvorschläge zur Verbesserung der unterbewerteten Rechtsstellung des Gemeindedirektors. Weitere Vorschläge von Seiten der Liberalen folgten u.a. 1967 und 1968. Im Jahre 1973 forderte die FDP die Einführung der Magistratsverfassung, drei Jahre später, 1976, die Einführung der unechten Magistratsverfassung.
Die überwiegende Mehrzahl dieser Reformvorschläge scheiterte in NRW am gemeinsamen Widerstand von SPD und CDU. Seit den 60er Jahren wurden daher nur marginale Änderungen an der Kommunalverfassung NRWs vorgenommen.
Bereits frühe Vorschläge von Seiten der SPD, eine Variante der unechten Magistratsverfassung einzuführen, wurden von den Konservativen Parteien CDU und Zentrum blockiert. Zu Beginn der 70er Jahre baute sich eine erneute Diskussion auf, bei der sich weder die SPD als größte Landtagsfraktion noch die CDU parteiintern auf eine Linie einigen konnten.
In der Koalitionsvereinbarung zwischen der SPD und der FDP nach der Landtagswahl 1975 wurde auf Initiative der Liberalen die Abschaffung der Doppelspitze fixiert. Sie wurde aber nicht realisiert. Auf ihrem Sonderparteitag am 04.03.1978 erklärte die SPD, daß sich die Zweigleisigkeit bewährt habe und daher keine Notwendigkeit für eine Änderung gesehen werde.

Fazit: Beide KV lösten bereits nach ihrem Inkrafttreten eine Diskussion über den Sinn Zweigleisigkeit aus. In NRW war die FDP. über Jahrzehnte die treibende Kraft für eine Reform der KV gewesen, sie konnte sich aber nie durchsetzen. Während sich die CDU Nordrhein-Westfalens für die Beibehaltung der Zweigleisigkeit aussprach, gingen in NdS die Reformvorschläge zur Einführung einer Magistratsverfassung überwiegend von den Konservativen aus. Die Niedersächsische CDU mußte diese Position 1973 aber auf Drängen ihrer Rats- und Kreistagsvorsitzenden revidieren.

4.2.2. Die Kommunalverfassungsreform

Im Jahre 1984 erschienen verschiedene Artikel, die sich mit den Verfassungsgrundsätzen der Kommunalpolitik befaßten. Der Artikel *Banners* *"Kommunale Steuerung zwischen Gemeindeordnung und Parteipolitik*[361]" wurde zum Anstoß für die Reform der GO NRWs.[362]
Der Innenminister des Landes Nordrhein-Westfalen führte ab dem 22.08.1988 eine "*Umfrage zu den Bedingungen der Kommunalpolitik in Nordrhein-Westfalen*" durch. Befragt wurden alle Ratsmitglieder, Mitglieder der Bezirksverwaltungen, Hauptverwaltungsbeamte sowie Beigeordnete im Land. Das Ergebnis wurde 1991 zur wichtigsten Grundlage für die Reformvorschläge des Innenministers.[363]
Auf einem Symposium einigten sich im Herbst 1988 die Teilnehmer u.a. auf die Abschaffung der Doppelspitze. Hinsichtlich der politischen Durchsetzbarkeit legte der Innenminister NRWs, *Schnoor* (SPD), offensichtlich großen Wert auf die Zustimmung der Opposition im Landtag.
Im Laufe der Diskussion stellte sich heraus, daß es in NRW zwar nicht an Reformvorschlägen mangelte. Es wurden aber massive Zweifel an ihrer politischer Durchsetzbarkeit laut. Die regierende SPD wollte in den zentralen Fragen der Gemeindespitze und des Wahlverfahrens letztlich doch eher am alten System festhalten. Um sich im Wahlkampf profilieren zu können, nahm die oppositionelle CDU die Direktwahl des hauptamtlichen Bürgermeisters am 31.03.1990 in ihre Wahlkampfplattform auf. Damit steigerte sie den Druck auf die Regierungspartei. Der Ministerpräsident NRWs, *Rau* (SPD), kündigte zu Beginn der 11.Legis-laturperiode im August 1990 in einer Regierungserklärung an, daß im Folgejahr eine Diskussion zur Änderung der GO NRW beginnen sollte.[364]

---

[361] Gerhard Banner, Kommunale Steuerung zwischen Gemeindeordnung und Parteipolitik, a.a.O., S.364.
[362] Guido Freis, a.a.O., S.119f.
[363] Ebd., S.165.
[364] Ebd., S.166ff.

Auf der Grundlage der 1988 stattgefundenen Befragung veröffentlichte die Landesregierung konkrete Vorstellungen zur Reform der GO NRWs. Sie war u.a. der Meinung, daß die Funktionen des Bürgermeisters und des Hauptverwaltungsbeamten zusammengefaßt werden sollten. Als möglichen Zeitpunkt der Umsetzung dieser Reform faßte der Innenminister die Kommunalwahl im Jahr 1994 ins Auge. Die Fachwelt begrüßte diese Empfehlungen.[365]

Die CDU sprach sich kurz vor den Empfehlungen des Innenministers im Mai 1991 für die Einführung der Süddeutschen Ratsverfassung in NRW aus. Der Arbeitskreis "*Reform der Gemeindeordnung*" der CDU forderte im Juli 1991 u.a. die Direktwahl des Bürgermeisters für eine achtjährige Amtszeit.[366]

Ein Scheitern des Reformversuches zeichnete sich schon im Vorfeld ab. Innerhalb der SPD konnte sich der Innenminister mit seinen Vorschlägen zur Einführung der Eingleisigkeit sowie zur Abschaffung der Norddeutschen Ratsverfassung nicht durchsetzen. Dies wurde im Dezember 1991 auf dem Hagener Landesparteitag offensichtlich.[367]

Die FDP sprach sich im Dezember 1991 mit einer Gesetzinitiative für einen direkt gewählten hauptamtlichen Bürgermeister aus.[368]

Im April 1992 brachte der Innenminister einen Regierungsentwurf zur Reform des Kommunalverfassungsrechts in den Landtag ein. Dieser enthielt, nicht zuletzt als Folge des Landesparteitages, nur noch Reste der Vorschläge aus der Umfrageauswertung.[369]

Die CDU kündigte weiteren Druck auf die SPD-Mehrheit an. So beschloß sie im Januar 1993 ein Volksbegehren mit dem Ziel, die Direktwahl des Bürgermeisters einzuführen. Die CDU versprach sich eine hohe Akzeptanz im Sinne eines Mehr an Demokratie. Die Abschaffung der Zweigleisigkeit

---

[365] Ebd., S.173.
[366] Ebd., S.176f.
[367] Ebd., S.178f.
[368] Ebd., S.180f.
[369] Ebd., S.182.

wurde damit zwar nicht verbunden, wäre aber zwangsläufig die Folge gewesen.[370]
Die Landesregierung brachte ihren Entwurf marginal verändert als Gesetzentwurf im Februar 1993 im Landtag ein.
Im September 1993 wurde mit der Aktion "*Mündige Bürger*" von der CDU und der FDP der Gesetzentwurf "*Gesetz zur Urwahl der Bürgermeister*" vorgelegt. Dies war der erste Schritt zur Einleitung des Volksbegehrens.[371]
Auf dem Landesparteitag der SPD im Januar 1994 in Bielefeld revidierten die Delegierten den Beschluß von 1991. Nun sprachen sie sich für die Direktwahl des Bürgermeisters mit einer Amtszeit von fünf Jahren aus. Diese sollte zeitgleich mit der Wahl des Rates erfolgen. Daraufhin brachte die SPD-Landtagsfraktion entsprechende Änderungsanträge zum Gesetzentwurf der Landesregierung in den Landtag ein.[372]
Im weiteren Verlauf des Gesetzgebungsprozesses forderte die CDU wiederholt eine achtjährige Amtszeit für den Bürgermeister, um die Kontinuität der Verwaltung und die Qualität der Bewerber sicherzustellen.[373]
Der Gesetzentwurf der Landesregierung wurde mit den Stimmen der SPD gegen die der CDU, FDP und Bündnis 90/Die Grünen in Dritter Lesung am 06.05.1994 verabschiedet.[374]

Fazit: Die Impulse zur Reform der Kommunalverfassungen von Nordrhein-Westfalen und Niedersachsen kamen von unterschiedlichen Seiten. In Nordrhein-Westfalen folgte der wissenschaftlichen Diskussion eine empirische Studie des Innenministeriums aus dem Jahre 1988. In Niedersachsen wurde vor dem Hintergrund einer fortlaufenden Diskussion in den Fraktionen des Landtages 1991 eine Enquete-Kommission berufen. Während sich aus der Ministeriumsbefragung in Nordrhein-Westfalen die Forderung

[370] Ebd., S.185.
[371] Ebd., S.207.
[372] Ebd., S.208ff.
[373] Ebd., S.227.
[374] Ebd., S.237ff.

nach Eingleisigkeit herauslesen ließ, wollte die EKkV in Niedersachsen an der Zweigleisigkeit festhalten.
In beiden Bundesländern gingen die Initiativen zur Reform von der CDU aus. In Nordrhein-Westfalen forderte sie bereits vor Veröffentlichung des Umfrageergebnisses der Innenministeriumsbefragung die Eingleisigkeit. Im Rahmen des Landtagswahlkampfes von 1994 forderte die CDU Niedersachsen ein Volksbegehren, die CDU Nordrhein-Westfalens brachte im Januar 1993 ein Volksbegehren in den Landtag ein. In beiden Bundesländern beugten sich die SPD-Landesregierungen dem Druck und legten Gesetzentwürfe zur substantiellen Reform der Kommunalverfassungen vor. In beiden Fällen wurde das Gesetz von den regierenden Sozialdemokraten gegen die oppositionellen Parteien verabschiedet. Die CDU, die eigentliche Initiatorin der Reform, stimmte in beiden Fällen gegen die eingebrachten Reformentwürfe.
Die Estimationsphase verlief in beiden Bundesländern unterschiedlich. Ziel war es in beiden Ländern, den auf die SPD ausgeübten politischen Wahlkampfdruck zu minimieren. Die SPD wollte in Nordrhein-Westfalen eine Minimal-Reform durchführen, in Niedersachsen sah sie sich von Anfang an dazu genötigt, mit den Forderungen der oppositionellen CDU gleichzuziehen. Während in Nordrhein-Westfalen die kommunalpolitischen Spitzenverbände den politischen Prozeß mit ausgewogenen und fachlich begründeten Vorschlägen begleiteten, ließen sich in Niedersachsen die politischen Fronten von den Spitzenverbände nicht beeinflussen.
Beim Vergleich des zeitlichen Verlaufs der Reformen zeigt sich in Nordrhein-Westfalen ein quälend langer Prozeß, während in Niedersachsen der Prozeß recht zügig vonstatten ging.

5. ERGEBNIS

Seit Inkrafttreten der Niedersächsischen Kommunalverfassung nach dem Ende des II. Weltkrieges wurde immer wieder versucht, mit einer Verfassungsänderung in den kommunalen Spitzenämtern von der Zweigleisigkeit zur Eingleisigkeit zu gelangen. Jeder Versuch scheiterte vor 1993. Zu diesen gescheiterten Versuchen muß man auch die EKkV zählen, deren Initiatoren das Ziel einer Revision der alten KV vor Augen hatten. Die Enquete-Kommission sprach sich aber gegen eine Änderung aus.
Die Kommunalverfassungsreform in Niedersachsen ging letztendlich auf eine Initiative des Christdemokraten *Christian Wulff* zurück, die von der SPD aufgegriffen und mit eigenen Akzenten ins Werk gesetzt wurde. Eine breite Mehrheit blieb dieser Reform in den Parteien versagt. *Wulff* scheiterte in seiner eigenen Partei mit dem Vorschlag zur Abschaffung der Zweigleisigkeit zugunsten der Eingleisigkeit sowie mit der Einführung der Direktwahl des Bürgermeisters/Landrats.
Gerhard Schröder konnte diese Idee bei den Sozialdemokraten auch nur mit knapper Mehrheit durchsetzen, wobei der Niedersächsische Landtag bei der Kommunalverfassungsreform letztlich das harte Mittel der Disziplineinforderung durch die Fraktionen bezeugte. Die zur Überprüfung der Kommunalverfassung eingesetzte Enquete-Kommission kam mit knapper Mehrheit zum Entschluß, die alte Norddeutsche Ratsverfassung beizubehalten. Auch das Votum dieser Expertenkommission konnte am Verlauf der Diskussion nichts ändern. Die Kommunalverfassungsreform in Niedersachsen wurde im Gegensatz zu jener in Nordrhein-Westfalen von den politischen Führungsspitzen der beiden großen Landtagsparteien durchgesetzt.

	EKkV	CDU	SPD
	Diskussion		
06.11.1990	Entschluß zur Einsetzung		
16.01.1991	Einsetzung		
16.04.1993	Zwischenbericht(-)		
20.10.1993		Presseinfo(+)	Presseinfo(+)
06.05.1994	Abschlußbericht(-)		
Nov.1994		Vorstand(+)	
18.03.1995			Parteitagsbeschluß(+)
03.05.1995			Vorschaltgesetz
09.06.1995		Landesparteitag(-)	
22.08.1996			NEUE KV

Abbildung 13: Zeitlicher Ablauf und Aufbau der Kommunalverfassungsreform

Die Arbeit der EKkV muß im Gesamtkontext der Betrachtung unabhängig von dem parteipolitischen Willensprozeß gesehen werden. Es liefen zwei unterschiedliche Prozesse ab: Auf der einen Seite gab es die Initiation durch die hauptamtlichen Leiter der Verwaltung, die zugleich die repräsentativen Funktionen der ehrenamtlichen Bürgermeister/Landräte übernehmen wollten, was zur Einsetzung der Enquete-Kommission führte. Auf

der anderen Seite stand das Wahlkampfkalkül, das letztendlich den Weg zur Reform der Kommunalverfassung frei machte.
Ob mit dieser Reform ein Mehr oder Weniger an Demokratie in den Gemeinden Einzug hält, darüber läßt sich vorerst nur spekulieren. Wie in der Praxis der alten Kommunalverfassung hängt die Antwort auf diese Frage entscheidend von den in den Gemeinden agierenden politischen Akteuren ab. Die Persönlichkeiten des Ratsvorsitzenden und des Bürgermeisters sowie beider Verhältnis zueinander werden auch weiterhin maßgebliche Eckpunkte für die gemeindliche Realverfassung bleiben.
Als Ergebnis vieler offener Gespräche, die zur Erstellung dieser Arbeit nötig waren, läßt sich folgende Schlußfolgerung gewinnen: Unter "normalen Umständen" wäre es nicht zu dieser Reform gekommen, die Unterstützung der Fraktionen und Parteien wäre zu gering gewesen. Das Thema wurde der SPD von der CDU aufgezwungen. Währe *Johannes Bruns* an der Spitze der SPD geblieben, so wäre eine Kompromißlösung wahrscheinlich gewesen. Er war für eine Mischlösung, die sein Nachfolger *Gerhard Schröder* aber nicht mittragen wollte. Hätten die politischen Akteure auf Landesebene die Eingleisigkeit in größeren Städten und Gemeinden eingeführt und wären sie in den übrigen Kommunen bei der Zweigleisigkeit geblieben, so hätte eine Reform dieser Art breite Zustimmung gefunden. Das offizielle Abstimmungsverhalten der Landtagsfraktionen wäre voraussichtlich gleich geblieben, da jede Oppositionsfraktion auch bei nur marginal anderer Vorstellung gegen den Regierungsentwurf gestimmt hätte. Die innere Zustimmung zu dieser Reform wäre aber bei weitem höher gewesen.
Das parlamentarische Rollenspiel kaschierte in dieser Auseinandersetzung Fronten, die quer durch die Parteien verliefen. Die praktizierte Kommunalverfassung manifestiert sich in den unterschiedlichsten Mehrheits- und Ämterkonstellationen. Als Issue der Parteienkonkurenz sind Kommunalverfassungsfragen schlecht geeignet. Sie entzünden Gegensätze in den Parteien, nicht nur zwischen den Parteien. Letztlich geht es den Parteien auf Landesebene um mehr als in den Kommunen. Hier ist der größte Preis für die Parteien zu gewinnen. Deshalb hatte die Parteiräson in Nordrhein-

Westfalen und Niedersachsen letztlich Vorfahrt vor der Kommunalräson, aber nicht ohne teilweise erhebliche Widerstände und lautes Murren. Der dem Parlamentarismus eigentümliche Parteienstaat hat über die vielfältigen Machtfelder des Kommunalen den Sieg davongetragen. Dessen ungeachtet bleibt das Kommunalwesen mit seinen Tausenden von Mandatsträgern als Gegenstand politischer Gestaltung sperrig. Die kommunale Politik und die kommunalen Machtkalküle folgen anderen Mustern als die "hohe Politik" in Bund und Ländern.

Die Verwendung des Policy-Cycle-Modells erwies sich als hilfreich für die Anschaulichkeit der Vorgänge. Die Unterteilung in verschiedene Politikphasen ermöglichte eine detaillierte Betrachtung des Reformverlaufs, und sie erleichterte den Vergleich mit der Untersuchung von Freis zur Gemeindeverfassungsreform von Nordrhein-Westfalen. Die Initiations- und die Estimationsphase ermöglichen in beiden Betrachtungen einen direkten Vergleich. Die Selektionsphase ließ diesen Vergleich nicht mehr zu. In NRW zog sie sich lange hin und bot reichhaltigen Stoff für das Nachzeichnen sich wandelnder Positionen und Kalküle. In Niedersachsen hingegen lief sie dermaßen schnell ab, daß sie kaum Stoff für eine detaillierte Schilderung bietet. Politik läuft zwar grob in den Phasen des Politikzyklus ab. Sie hält sich aber nicht mit allen Phasen gleich lange auf, wie hier geschehen, bisweilen nicht lange genug, um dem wissenschaftlichen Beobachtungsinteresse Genüge zu tun. Doch auch daraus läßt sich etwas lernen: Das Instrument des Politikzyklus verweist letztlich auf die Betrachtung der politischen Akteure und die – in diesem Fall landesbezogenen – politischen Konstellationen zurück. Die niedersächsische Politik hat wie die nordrhein-westfälische ihr eigenes Profil, bis in die Landesorganisationen derselben Parteien hinein. So gesehen zeigen die Ergebnisse dieser Arbeit – wie die der Referenzstudie von Freis --, daß landespolitische Fallstudien über den untersuchten Fall hinaus Einblicke in die Vielfalt und Buntheit der Politik im deutschen Bundesstaat eröffnen.

Literaturverzeichnis

Achterberg, Norbert/ Püttner, Günther: Besonderes Verwaltungsrecht, Band II, Heidelberg 1992.

Banner, Gerd: Kommunale Steuerung zwischen Gemeindeordnung und Parteipolitik, in: DÖV 9/84.

Banner, Gerd: Vor und Nachteile der Gemeindeordnung in der Bundesrepublik, in: Mombaur, Peter Michael (Hrsg.): Neue Kommunalverfassung für Nordrhein-Westfalen?, Beiträge und Analysen aus der Praxis, Geschäftsführer des Nordrhein-Westfälischen Städte- und Gemeindebundes, Abhandlungen zur Kommunalpolitik. Band 13 hrsg. vom NWStGB, Köln 1988.

Banner, Gerd: Kommunalverfassung und Selbstverwaltungsleistung, in: Dieter Schimanke (Hrsg.), Stadtdirektor oder Bürgermeister, Berlin 1989.

Becker, Bernd/ Bull, Hans Peter/ Seewald, Otfried (Hrsg.): Festschrift für Werner Thieme, Köln/ Berlin/ Bonn/ München 1993.

Becker, Jochen: Geschichte der Gemeindespitze in Nordrhein-Westfalen, in: Geschichte im Westen (9) 1994.

Blair, Philip: Die Gestaltung der kommunalen Selbstverwaltung in den europäischen Staaten, in: DÖV 12/88.

Borchmann, Michael: Die Reform der Kommunalverfassung, insbesondere ein Beitrag zur Entwicklung der Bürgermeister-, Magistrats- und Ratsverfassung, Inaugural-Dissertation, Fachbereich Rechtswissenschaft, Johann-Wolfgang-Goethe-Universität, Frankfurt am Main, Frankfurt/ Main 1975.

Bornemann, Günter: Führungsspitzen in den Städten und Gemeinden der Länder Niedersachsen und Nordrhein-Westfalen, in: Niedersächsische Städtetag 1988, Göttingen 1988.

Bracher, Karl Dietrich/ Funke, Manfred/ Jacobsen, Hans-Adolf (Hrsg.): Deutschland 1933-1945 Neue Studien zur Nationalsozialistischen Herrschaft, Bonn 1992.

Bündnis 90/ Die Grünen Niedersachsen: Das Grüne Programm: Landtagswahl 1994, Hannover.
Bündnis 90/ Die Grünen Niedersachsen (Hrsg.): Reader Direkte Demokratie stärken, Hannover 1995.
Bündnis 90/ Die Grünen Niedersachsen: Grüne: SPD-Landesparteitag war Absage an kommunale Demokratie und Kampfansage an rot-grün, in: Pressemitteilung Nr.90, 20.03.1995.
Bündnis 90/ Die Grünen Niedersachsen: Landeswahlprogramm 1998, Hannover 1997.
Bundeszentrale für politische Bildung (Hrsg.): Information zur politischen Bildung: Kommunalpolitik, Bonn 1994.
CDU Niedersachsen: Beschluß des CDU-Landesparteitages Delmenhorst zur Kommunalverfassung, 09.06.1995.
Die Öffentliche Verwaltung: Nr. 17/1959.
Die Öffentliche Verwaltung: Nr. 09/1984.
Die Öffentliche Verwaltung: Nr. 13/1986.
Die Öffentliche Verwaltung: Nr. 23/1988.
Die Öffentliche Verwaltung: Nr. 02/1991.
Die Öffentliche Verwaltung: Nr. 15/1991.
Die preußische Städteordnung von 1808, in: von August Krebsbach (Hrsg.), Neue Schriften des deutschen Städtetages, Heft 1, Stuttgart 1957.
Dietrich, Stefan: Mit hauchdünner Mehrheit ein dickes Brett durchbohren, Frankfurter Allgemeine, 27.02.1996.
Ellwein, Thomas: Gesetzes- und Verwaltungsvereinfachung: Auch eine kommunale Aufgabe? In: Hesse, Joachim Jens (Hrsg.): Erneuerung der Politik "von unten"? Stadtpolitik und kommunale Selbstverwaltung im Umbruch, Opladen 1986.
Engeli, Christian/ Haus, Wolfgang: Quelle zum modernen Gemeindeverfassungsrecht in Deutschland. Schriften des Deutschen Instituts für Urbanistik Bd.45, Stuttgart/Berlin/Köln/Mainz 1975.
Erichsen, Hans-Uwe/ Hoppe, Werner/ Leidinger, Adalbert (Hrsg.): Kommunalverfassungen in Europa, Köln 1988.

Erichsen, Hans-Uwe: Aktuelle Probleme der Kommunalverfassung, in: NRW Kommunalverfassungsblätter, Stuttgart 1990.

Fingerhut, Reinhard/ Honert, Siegfried: Reform der Gemeindeordnung in Nordrhein-Westfalen?, in: Städte- und Gemeinderat 10/1989.

Freis, Guido: Die Reform der Gemeindeverfassung in Nordrhein-Westfalen, Frankfurt 1998.

Gröttrup, Bernd: Direktwahl des Bürgermeisters und Demokratiereform, in: Zeitschrift für Gesetzgebung, München 1995.

Händel, Heinrich: Großbritannien, München 1979.

Hartmann, Jürgen (Hrsg.): Handbuch der deutschen Bundesländer, 3.Aufl., Bonn 1997.

Hesse, Joachim Jens (Hrsg.): Erneuerung der Politik "von unten"? Stadtpolitik und kommunale Selbstverwaltung im Umbruch, Opladen 1986.

Hillmann, Gert: Bemerkungen zur Kommunalverfassungsreform in Niedersachsen und Nordrhein-Westfalen, in: DÖV 2/91.

Hoerner, Hans-Henning von: Stellungnahme Niedersächsischer Städte- und Gemeindebund, in: Bündnis 90/Die Grünen: Reader – Direkte Demokratie stärken, Hannover 1995.

Hoffmann, Gert: Die sogenannte Zweigleisigkeit der Niedersächsischen Kommunalverfassung, Gifhorn 1987.

Hüttmann, Alfred: Freizeit ist ein Fremdwort, in: Kommunalpolitische Blätter 1/1980.

Industrie und Handelskammer Hannover/Hildesheim: Brief an den Abgeordneten Bartling vom 12.05.1992, in: NLT, Vorlage 38 zur Drs 735.

Innenministerium des Landes Nordrhein-Westfalen: Umfrage zu den Bedingungen der Kommunalpolitik in Nordrhein-Westfalen, 1989.

Institut für Kommunalwissenschaften der Konrad Adenauer Stiftung: Politik und kommunale Selbstverwaltung, Köln/ Stuttgart/ Berlin/ Hannover/ Kiel/ Mainz/ München 1984.

Ipsen, Jörn: Kontinuität oder Reform – Die Gemeindeverfassung auf dem Prüfstand, in: Osnabrücker Rechtswissenschaftliche Abhandlungen, Bd.21, Osnabrück 1990.

Ipsen, Jörn: Die Doppelspitze in der niedersächsischen Kommunalverfassung, in: Becker, Bernd/ Bull, Hans Peter/ Seewald, Otfried (Hrsg.): Festschrift für Werner Thieme, Köln/ Berlin/ Bonn/ München 1993.

Jennings, Sir Ivor W./ Ritter, Gerhard A.: Das britische Regierungssystem, Opladen 1970.

Johnson, Nevil: Die kommunale Selbstverwaltung in England, in: Erichsen, Hans-Uwe/ Hoppe, Werner/ Leidinger, Adalbert (Hrsg.): Kommunalverfassungen in Europa, Köln 1988.

Kastendiek, Hans/ Rohe, Karl/ Volle, Angelika (Hrsg.): Länderbericht Großbritannien, Bonn 1994.

Klemisch (Hrsg.): Handbuch für alternative Kommunalpolitik, Bielefeld 1994.

Kleßmann, Christoph: Die doppelte Staatsgründung, Bonn 1991.

Knemeyer, Franz-Ludwig: Die Kommunalverfassungen in der Bundesrepublik Deutschland, in: Roland Roth/ Hellmut Wollmann (Hrsg.), Kommunalpolitik, Opladen 1994.

Krebsbach, August (Hrsg.): Neue Schriften des deutschen Städtetages, Heft 1, Stuttgart 1957.

Laing, Heinz-Josef: Schlappe für Wulff, Nordwest Zeitung, 10.06.1995.

Mombaur, Peter Michael (Hrsg.): Neue Kommunalverfassung für Nordrhein-Westfalen?, Beiträge und Analysen aus der Praxis, Geschäftsführer des Nordrhein-Westfälischen Städte- und Gemeindebundes, Abhandlungen zur Kommunalpolitik. Band 13 hrsg. vom NWStGB, Köln 1988.

Müller, Helmut M.: Schlaglichter der deutschen Geschichte, Bonn 1994.

Niedersächsischer Landeswahlleiter: Schreiben vom 23.01.1992, in: NLT, Vorlage 28 zur Drs 735.

Niedersächsischer Landkreistag: Brief an die EKkV vom 22.05.1991.

Niedersächsischer Landtag: Ältestenrat, Ausschußprotokoll 12/8, 13.02.1991.
Niedersächsischer Landtag: Ausschuß innere Verwaltung, Ausschußprotokoll 12/8, 06.11.1990.
Niedersächsischer Landtag: Ausschuß innere Verwaltung, Ausschußprotokoll 13/30, 23.05.1995.
Niedersächsischer Landtag: Ausschuß innere Verwaltung, Ausschußprotokoll 13/33, 06.06.1995.
Niedersächsischer Landtag: Ausschuß innere Verwaltung, Ausschußprotokoll 13/61, 12.12.1995.
Niedersächsischer Landtag: Ausschuß innere Verwaltung, Ausschußprotokoll 13/77, 07.02.1995.
Niedersächsischer Landtag: Ausschuß innere Verwaltung, Ausschußprotokoll 13/78, 07.02.1995.
Niedersächsischer Landtag: Ausschuß innere Verwaltung, Beschlußempfehlung 13/1127, 07.06.1995.
Niedersächsischer Landtag: Ausschuß innere Verwaltung, Beschlußempfehlung 13/1800, 28.02.1996.
Niedersächsischer Landtag: Drucksache 2/323, 14.01.1952.
Niedersächsischer Landtag: Drucksache 2/328, 16.01.1952.
Niedersächsischer Landtag: Drucksache 2/344, 25.01.1952.
Niedersächsischer Landtag: Drucksache 2/390, 26.02.1952.
Niedersächsischer Landtag: Drucksache 4/484, 23.01.1961.
Niedersächsischer Landtag: Drucksache 12/735, 16.01.1991.
Niedersächsischer Landtag: Drucksache 12/893, 13.02.1991.
Niedersächsischer Landtag: Drucksache 12/936, 20.02.1991.
Niedersächsischer Landtag: Drucksache 12/937, 20.02.1991.
Niedersächsischer Landtag: Drucksache 12/1020, 11.03.1991.
Niedersächsischer Landtag: Drucksache 13/779, 07.02.1995.
Niedersächsischer Landtag: Drucksache 13/1030, 03.05.1995.
Niedersächsischer Landtag: Drucksache 13/1060, 09.05.1995.
Niedersächsischer Landtag: Drucksache 13/1127, 07.06.1995.
Niedersächsischer Landtag: Drucksache 13/1450, 12.10.1995.

Niedersächsischer Landtag: Enquete-Kommission Kommunalverfassung, Ausschußprotokoll 12/1, 18.03.1991.
Niedersächsischer Landtag: Enquete-Kommission Kommunalverfassung, Ausschußprotokoll 12/2, 23.04.1991.
Niedersächsischer Landtag: Enquete-Kommission Kommunalverfassung, Ausschußprotokoll 12/7, 29.10.1991.
Niedersächsischer Landtag: Enquete-Kommission Kommunalverfassung, Ausschußprotokoll 12/11, 25.02.1992.
Niedersächsischer Landtag: Enquete-Kommission Kommunalverfassung, Ausschußprotokoll 12/13, 31.03.1992.
Niedersächsischer Landtag: Enquete-Kommission Kommunalverfassung, Ausschußprotokoll 12/14, 12.05.1992.
Niedersächsischer Landtag: Enquete-Kommission Kommunalverfassung, Ausschußprotokoll 12/16, 18.08.1992.
Niedersächsischer Landtag: Enquete-Kommission Kommunalverfassung, Ausschußprotokoll 12/17, 26.08.1992.
Niedersächsischer Landtag: Enquete-Kommission Kommunalverfassung, Ausschußprotokoll 12/18, 27.08.1992.
Niedersächsischer Landtag: Enquete-Kommission Kommunalverfassung, Ausschußprotokoll 12/19, 28.08.1992.
Niedersächsischer Landtag: Enquete-Kommission Kommunalverfassung, Ausschußprotokoll 12/20, 16.09.1992.
Niedersächsischer Landtag: Enquete-Kommission Kommunalverfassung, Ausschußprotokoll 12/27, 26.01.1993.
Niedersächsischer Landtag: Enquete-Kommission Kommunalverfassung, Ausschußprotokoll 12/28, 03.02.1993.
Niedersächsischer Landtag: Enquete-Kommission Kommunalverfassung, Ausschußprotokoll 12/29, 30.02.1993.
Niedersächsischer Landtag: Enquete-Kommission Kommunalverfassung, Ausschußprotokoll 12/43, 22.10.1993.
Niedersächsischer Landtag: Enquete-Kommission Kommunalverfassung, Ausschußprotokoll 12/46, 01.02.1994.

Niedersächsischer Landtag: Enquete-Kommission Kommunalverfassung, Ausschußprotokoll 12/49, 06.05.1994.
Niedersächsischer Landtag: Gesetzgebungs- und Beratungsdienst, Vorlage 62 zur Drucksache 735, 16.04.1993.
Niedersächsischer Landtag: Plenarprotokoll 12/17, 25.01.1991.
Niedersächsischer Landtag: Plenarprotokoll 12/18, 20.02.1991.
Niedersächsischer Landtag: Plenarprotokoll 12/20, 22.02.1991.
Niedersächsischer Landtag: Plenarprotokoll 13/25, 17.05.1995.
Niedersächsischer Landtag: Plenarprotokoll 13/28, 14.06.1995.
Niedersächsischer Landtag: Plenarprotokoll 13/30, 06.03.1996.
Niedersächsischer Landtag: Vorlage 11 zur Drucksache 735.
Niedersächsischer Landtag: Vorlage 15 zur Drucksache 735.
Niedersächsischer Landtag: Vorlage 23 zur Drucksache 735.
Niedersächsischer Landtag: Vorlage 28 zur Drucksache 735.
Niedersächsischer Landtag: Vorlage 38 zur Drucksache 735.
Niedersächsischer Landtag: Vorlage 57 zur Drucksache 735.
Niedersächsischer Landtag: Vorlage 62 zur Drucksache 735.
Niedersächsischer Städtebund: Eilnachricht 1/61, 30.01.1961.
Niedersächsischer Städtetag: Nr.09/1995.
Niedersächsischer Städtetag: Brief an die EKkV vom 17.05.1991.
Niedersächsischer Städtetag: Brief an die EKkV vom 12.11.1991.
Niedersächsischer Städte und Gemeindebund: Brief an den Landtagspräsidenten vom 30.05.1991.
Niedersächsischer Städte und Gemeindebund: Brief an die EKkV vom 08.02.1993.
Niedersächsischer Städte und Gemeindebund: Brief an das Innenministerium vom 12.09.1995.
Niedersächsischer Städte und Gemeindebund: Brief an den Landtagspräsidenten vom 17.11.1995.
Niedersächsisches Gesetz- und Verordnungsblatt: Nr.12/1995, 22.06.1995.
Niedersächsisches Gesetz- und Verordnungsblatt: Nr.06/1996, 04.04.1996.

Niedersächsisches Gesetz- und Verordnungsblatt: Nr.16/1996, 27.08.1996.
Niedersächsisches Ministerium des Innern (Hrsg.): Niedersächsische Sachverständigenkommission zur Fortentwicklung des Kommunalrechts, Deutscher Gemeindeverlag 1978.
Niedersächsisches Ministerium des Innern: Abschlußbericht der Arbeitsgruppe "Novellierung der Kommunalverfassung", in: NLT, Vorlage 15 zur Drs 735.
Niedersächsische Verwaltungsblätter: Nr. 07/95, 01.07.1995.
Niedersächsische Verwaltungsblätter: Nr. 05/96, 01.05.1996.
Nordrhein-Westfälische Verwaltungsblätter: Nr. 06/88, 01.06.1988.
Nordrhein-Westfälische Verwaltungsblätter: Nr. 02/90, 01.02.1990.
O.V.: ohne Titel, Eildienst Städtetag NRW 1989.
O.V.: Bürger sollen in kommunalen Belangen mitentscheiden, Braunschweiger Zeitung vom 13.05.1995.
O.V.: Für direkt gewählte Bürgermeister, Northeimer Neueste Nachrichten, 22.11.94.
O.V.: SPD will Ratsverfassung ersetzen, Frankfurter Allgemeine, 07.03.1996.
O.V.: Unsere Empfehlung richtet sich gegen den Zeitgeist, Hannoversche Allgemeine Zeitung vom 13.05.1995.
Penski, Ulrich: Gemeindliche Zuständigkeit und staatliche Verteidigungspolitik, in: Zeitschrift für Rechtspolitik, 1983.
Peters, Hans: Zwei Jahre Gemeindeordnung in NRW, in: kommunalpolitische Blätter 1955.
Possemeyer, Friedhelm: Die Reform der Kommunalverfassung in Nordrhein-Westfalen und Niedersachsen, Münster/Hamburg 1991.
Rattay, Gotthard: Zur Niedersächsischen Gemeindeordnung, in: Staats- und Kommunalverwaltung, 1955.
Redlich, Josef: Englische Lokalverwaltung, Wien 1901.
Reißner, Ludwig: Samtgemeinde - Einheitsgemeinde, in: Die Niedersächsische Gemeinde, Mai 1971.

Rossa, Kurt: Stadtverwaltung zwischen Leistungskraft und Vasallentreue, in: Städte und Gemeinderat, 1987.

Roth, Roland/ Wollmann, Hellmut (Hrsg.): Kommunalpolitik, Opladen 1994.

Rudzio, Wolfgang: Das politische System der Bundesrepublik Deutschland, Opladen 1991.

Rudzio, Wolfgang: Die Neuordnung des Kommunalwesens in der Britischen Zone, Stuttgart 1968.

Ruck, Michael: Führerabsolutismus und polykratisches Herrschaftsgefüge - Verfassungsstrukturen des NS-Staates, in: Bracher, Karl Dietrich/ Funke, Manfred/ Jacobsen, Hans-Adolf (Hrsg.), Deutschland 1933-1945 Neue Studien zur Nationalsozialistischen Herrschaft, Bonn 1992.

Saipa, Axel: Die Chancen der Kommunalverfassungsreform in Niedersachsen und Nordrhein-Westfalen, in: DÖV 15/1991.

Saldern, Adelheid von: Geschichte der kommunalen Selbstverwaltung in Deutschland, in: Roth, Roland/ Wollmann, Hellmut (Hrsg.), Kommunalpolitik, Opladen 1994.

Schefold, Dian: Die innere Kommunalverfassung, in: Klemisch u.a. (Hrsg.):Handbuch für alternative Kommunalpolitik, Bielefeld 1994.

Schefold, Dian: Stellungnahme zum Hearing "Direkte Demokratie stärken. Novellierung des niedersächsischen Kommunalverfassungsrechts", in: Bündnis 90/ Die Grünen (Hrsg.): Reader Direkte Demokratie stärken, Hannover 1995.

Schimanke, Dieter (Hrsg.): Stadtdirektor oder Bürgermeister, Berlin 1989.

Schleberger, Erwin: Zur Reformbedürftigkeit des Kommunalverfassungsrechts in Nordrhein-Westfalen, in: NWVBL 1988.

Schubert, Klaus: Politikfeldanalyse – Eine Einführung, in: Alemann, Ulrich von/ Kißler, Leo (Hrsg.), Grundwissen Politik Band 6, Opladen 1991.

Simon, Klaus: Repräsentative Demokratie in größeren Städten, Melle 1988.

SPD Niedersachsen: Beschluß des Außerordentlichen SPD-Landesparteitages zur Kommunalverfassung, 18.03.1995.

Spoo, Eckart: Rechte nach unten verlagern, Frankfurter Rundschau, 13.05.1994.

Spoo, Eckart: Wer anderen ein Bein stellt..., Frankfurter Rundschau, 14.06.1995.

Stargardt, Hans-Joachim: Kommunalverfassung in Deutschland - Teil 1, in: Verwaltungsrundschau 4/95, Köln 1995.

Strebe, Bert: Knappe Mehrheit der SPD für Schröders Kommunalreform, Hannoversche Allgemeine Zeitung, 20.03.1995.

Sturm, Roland: Staatsordnung und politisches System, in: Kastendiek, Hans/ Rohe, Karl/ Volle, Angelika (Hrsg.): Länderbericht Großbritannien, Bonn 1994.

Thiele, Robert: ABC des kommunalen Verfassungsrechts in Niedersachsen, Hannover 1987.

Thiele, Robert: Niedersächsische Gemeindeordnung, Hannover 1994.

Thiele, Robert: Die neue niedersächsische Kommunalverfassung, in: Niedersächsischer Städtetag Nr. 9/1995, Göttingen 1995.

Treffer, Gerd: Einführung in die Kommunalpolitik, München 1995.

Verwaltungsrundschau: 4/95, 1995.

Wallbaum, Klaus: Nur knapp siegt Schröders Konzept der starken Köpfe, Hannoversche Allgemeine Zeitung, 20.03.1995.

Wallerath, Maximilian: Strukturprobleme kommunaler Selbstverwaltung, in: DÖV 13/86.

Wansleben, Rudolf: Nachrichten des Niedersächsischen Städtetages 1989.

Weber, Werner: Die Niedersächsische Gemeindeordnung, in: Deutsches Verwaltungsblatt, 1955.

Weber, Werner: Die ungelöste Problematik der Gemeindeverfassung, in: DÖV 17/59.

Wehling, Hans-Georg: Kommunalpolitik in Geschichte und Gegenwart, in: Bundeszentrale für politische Bildung(Hrsg.): Information zur politischen Bildung, Kommunalpolitik, Bonn 1994.

Wehling, Hans-Georg: Unterschiedliche Kommunalverfassungen in den Ländern, in: Bundeszentrale für politische Bildung (Hrsg.): Information zur politischen Bildung, Kommunalpolitik, Bonn 1994.

Weißhaar, Erwin: Allgemeines Kommunalrecht in Niedersachsen, Herford 1989.

Weyand, Arno H.: Bürgermeister sollen direkt gewählt werden, in: Behörden Spiegel – Oktober 1992.

Wölecke, Gerd: SPD-Votum für Direktwahl, Nordsee-Zeitung, 20.03.1995.

Peter Lang · Europäischer Verlag der Wissenschaften

Fritz Plasser / Oscar W. Gabriel / Jürgen W. Falter / Peter A. Ulram (Hrsg.)

Wahlen und politische Einstellungen in Deutschland und Österreich

Frankfurt/M., Berlin, Bern, New York, Paris, Wien, 1999. VIII, 375 S., zahlr. Abb, Tab. und Graf.
Empirische und methodologische Beiträge zur Sozialwissenschaft. Herausgegeben von Jürgen Falter und Rainer B. Pelka. Bd. 17
ISBN 3-631-34282-9 · br. DM 98.–*

Der Sammelband präsentiert die Ergebnisse einer gemeinsamen Tagung der Arbeitsgruppe „Wahlen und politische Einstellungen" der Deutschen Vereinigung für Politische Wissenschaft und des Instituts für Politikwissenschaft an der Sozial- und Wirtschaftswissenschaftlichen Fakultät der Universität Innsbruck, die 1997 in der Innsbrucker Altstadt stattfand. Der Bogen der für die Publikation überarbeiteten, aktualisierten und vergleichend angelegten Beiträge reicht von der Analyse des Zerfalls der Parteibindungen in Deutschland und Österreich und Erklärungsmodellen der Protestwahl über den Vergleich des religiösen Cleavage in Deutschland und Österreich bis zur politischen Systemunterstützung, dem Institutionenvertrauen und den Hintergründen der in beiden Nachbarländern verbreiteten Verdrossenheit über politische Eliten. Der Band gestattet somit komparative Einblicke in ausgewählte politische Einstellungs- und Orientierungsmuster der deutschen und österreichischen Bevölkerung.

Aus dem Inhalt: Wahlen und politische Einstellungen · Zerfall der Parteienbindungen · Erklärungsmodelle der Protestwahl · Politische Systemunterstützung · Institutionenvertrauen · Verdrossenheit über politische Eliten

Frankfurt/M · Berlin · Bern · Bruxelles · New York · Oxford · Wien
Auslieferung: Verlag Peter Lang AG
Jupiterstr. 15, CH-3000 Bern 15
Telefax (004131) 9402131
*inklusive Mehrwertsteuer
Preisänderungen vorbehalten

FSC
www.fsc.org
MIX
Papier | Fördert gute Waldnutzung
FSC® C083411

Kolibri 360 GmbH
Ferdinand-Jühlke-Straße 7
99095 Erfurt, Deutschland
produktsicherheit@kolibri360.de

Druck:
CPI Druckdienstleistungen GmbH
im Auftrag der
Kolibri 360 GmbH
Ferdinand-Jühlke-Str. 7
99095 Erfurt